Andreas Thalmayr

HERAUS MIT DER SPRACHE

EIN BISSCHEN DEUTSCH
FÜR DEUTSCHE,
ÖSTERREICHER,
SCHWEIZER
UND ANDERE
AUS- UND
INLÄNDER

Carl Hanser Verlag

1 2 3 4 5   09 08 07 06 05

ISBN 3-446-20618-3
Alle Rechte vorbehalten
© Carl Hanser Verlag München Wien 2005
Satz: Satz für Satz. Barbara Reischmann, Leutkirch
Druck und Bindung: Ebner & Spiegel, Ulm
Printed in Germany

Nicht unbillig wird die Hochteutsche Sprache einem fruchtbaren Baume verglichen / welcher nicht allein seine saftreichen Wurzeln / so sich in der Erden weit und reumig ausbreiten / tief eingesetzet hat / sondern auch seine fruchtbaren Zweige / Reiser und Nebensprößlein in unzehlbarer Menge / wundersamer Mannigfaltigkeit / auch herrlicher Lust und Pracht heraustreibet. Sintemal dieser ansehnliche fruchtbare Sprachbaum / aus seinen vielen Stammwörtern einen solchen großen Vorraht hervorgiebet / daß noch niemand auf Erden gefunden worden / welcher den Reichtum seiner Wunder / so durch deßen glückliche Auswachs- und Fortpflanzung sich zu Tage legen / gnugsam undersuchet / und völlig erkannt hätte.

Kaspar Stieler, *Kurze Lehrschrift von der Hochteutschen Sprachkunst*

Bis jetzt hat noch kein Linguist abschließend und befriedigend beschrieben, was ein zweijähriges Kind mit dem Wort *auch* richtig macht.

Manfred Bierwisch, *der eine technisch hochambitionierte Abhandlung über das Wort wieder verfaßt, und dem Verfasser dort, wo er nicht mehr aus und ein wußte, freundschaftlich unter die Arme gegriffen hat.*

Inhalt

Erste Runde

ALLER ANFANG IST LEICHT. Dieses Buch ist keine Grammatik und keine Stilkunde. Eines nämlich hat der Verfasser sich geschworen: Er werde sich hüten, sagt er, den Experten ins Messer zu laufen. Er, Andreas Thalmayr, sei nur ein Amateur, der die Wissenschaft zwar bewundere, die Sprache aber liebe.

Deshalb begnüge ich mich, sagt er, mit einem längeren Spaziergang, auf dem ich hie und da innehalte; dort nämlich, wo mich etwas überrascht, wo mir etwas Kopfzerbrechen macht, wo mich etwas amüsiert, immer in der Hoffnung, daß es ein paar anderen gefallen könnte, mir Gesellschaft zu leisten, sich mit mir zu wundern und mir dorthin zu folgen, wo ich lustwandle.

»*Lustwandeln*, schwaches Verb (gehoben, veraltend)«, so steht es im Wörterbuch. Wieso eigentlich? Eine gehobene Promenade kann es nicht geben, wohl aber eine gehobene Stimmung. Das versteht doch jeder! Ach, was uns der *Duden* in seinem besinnungslosen Eifer, sich an den Zeitgeist anzubiedern, alles abgewöhnen möchte, weil er es für altmodisch hält! Das Wort *Chaussee* zum Beispiel wird ganz richtig erklärt (aus frz. *chaussée*, dies wiederum abgeleitet aus einem galloromanischen Partizip *calciata* von lat. *calcare* = mit den Füßen ein-, feststampfen, zu *calx* = Ferse) – aber dann wird es sofort als »veraltend« eingestampft. Auch wer es wagt, einen Brief mit den Worten *Ihr sehr ergebener* zu enden, gilt im Mannheimer Germanistenstadel als *vieux jeu* und hat leider den Anschluß an den Trend verpaßt. Nur haben Konrad Dudens sel. Nachfolger mit ihren Versuchen, die deutsche Sprache plattzuwalzen, noch nie viel Glück gehabt, und dabei soll es auch bleiben. Dies meldet, mit ergebenen Grüßen, Andreas Thalmayr an die Mannheimer Kommission zur Betonierung der deutschen Sprache.

»Gehoben«, »obsolet«, »Jargon«, »pejorativ« – alles, was uns bei den folgenden sieben Spaziergängen ein- und auffällt, soll uns willkommen sein. Der Zufall ist unser Begleiter. Manche Teile des Parks, durch den der Weg führt, machen einen verwilderten Eindruck; da ist offenbar lange kein Gärtner vorbeigekommen. Andere Regionen sind immer noch gepflegt mit Rabatten und beschnittenen Lorbeerbäumchen … Aber das stört uns nicht. Wir greifen auch nicht zur Hacke, um Ordnung zu schaffen. Das bedeutet, daß alles, was wir hier notieren, nur vorläufig gelten kann, und daß es auf diesem Grundstück, das um so größer wird, je näher man es betrachtet, keine Vollständigkeit gibt. Was mich betrifft, so kann ich es nicht lassen, allerhand auf- und einzusammeln, was am Wege liegt. Dabei wird es, wie immer, wo der Mensch seinem Sammlertrieb nachgibt, nicht ohne Kataloge oder wenigstens Listen abgehen; doch will ich es auch in dieser Hinsicht an Gründlichkeit fehlen lassen. Wem das, was ich unterwegs alles aufgelesen habe, nicht genügt, der ist herzlich eingeladen, weiterzusuchen. Die potentielle Beute ist unendlich reich. Die verlockendsten Fundstellen warten dort, wo eine Zeile so aussieht:

{ . . . . }

DER LUXUS DER DIFFERENZ. »Der Mensch ist aus krummem Holz geschnitzt«: dieser schöne Satz hört sich an, als ob er in der Bibel stünde; er stammt aber von Immanuel Kant aus Königsberg. Wenn der Philosoph recht hat – und wer wollte das bezweifeln –, so wird das auch für die schönste und folgenreichste Erfindung der Menschen gelten, für die Sprache. Mit keiner Logik ist ihr beizukommen. Zwar folgt sie tausenderlei Regeln, aber die einzige Regel, der sie ohne Ausnahme gehorcht, ist die, daß sie keine Regel ohne Ausnahmen kennt. Sie blüht und gedeiht wie ein Baum, der fast so groß ist wie die Welt. Und daß jeder Baum sich von jedem andern unterscheidet, daß jeder Ast sich dahin wendet, wo es ihm paßt, und daß es keine zwei Blätter gibt, die einander gleichen, ist schließlich kein Nachteil; es garantiert die Variabilität und damit das Überleben der Pflanzen. Und das gilt auch für die schätzungsweise sechs- oder siebentausend Sprachen dieser Erde.

Widerspruchsfreiheit, Stringenz, Unfehlbarkeit – das alles sind Kategorien, die für die natürlichen Sprachen keine Rolle spielen. Das unterscheidet grammatische von mathematischen Strukturen. Eine Sprache entwickelt sich eher wie jedes andere riesige Biotop, oder wie ein menschliches Gehirn. Das versteht sich; »denn was die Sprache denkt, was in der Sprache denkt, hat ein Analogon in der Konstruktion unseres Gehirns, eines wunderbaren, auf Überfluß und Überschuß programmierten Organs, das dafür geschaffen ist, Vieldeutigkeit nicht nur zu ertragen, sondern zu gestalten.« (Adolf Muschg)

»Die Umgangssprache ist ein Teil des menschlichen Organismus und nicht weniger kompliziert als dieser.« (Wittgenstein) Und weil das so ist, treiben es die natürlichen Sprachen ebenso bunt wie unsere Gehirne, denen es ja, wie jeder von uns aus Erfahrung weiß, nicht an Launen, Mucken und Absonderlichkeiten mangelt.

Manche Philosophen, wie Rudolf Carnap, haben sich über »die formalen Mängel der Wortsprachen« und über ihren »unsystematischen und logisch mangelhaften Aufbau« dermaßen geärgert, daß sie versucht haben, alldem abzuhelfen. »Sinnlos ist«, Carnap zufolge, »ein Satz, wenn er Wörter enthält, deren Bedeutung nicht geklärt werden kann.« Leider ist das bei den meisten Wörtern und Sätzen, die jemals gesprochen oder geschrieben worden sind, der Fall. Deshalb wollte der unzufriedne Philosoph eine formalisierte Sprache entwerfen, die die Alltagssprache an Eindeutigkeit und Exaktheit übertreffen sollte. Ich kann mich irren, aber ich glaube, viel ist aus diesem Projekt nicht geworden.

Die Vorstellung, einer von uns könne seine eigene Sprache, von einer anderen ganz zu schweigen, *beherrschen*, ist natürlich abwegig. Umgekehrt wird schon eher ein Schuh daraus. Leider wollen das manche Leute nicht einsehen. Sie wären gern unfehlbar, und schon aus diesem Grund können sie uns nur leid tun.

Jeder neue Satz, den wir zustande bringen, ist ein Probelauf. Das zeigt sich bereits dann, wenn ein Mensch zum ersten Mal den Mund aufmacht. Niemand bleut einem kleinen Kind irgendwelche Grammatikregeln ein. Die Mama wäre dazu gar nicht in der Lage, weil sie nicht im Traum daran gedacht hat, die maßgeblichen linguistischen Standardwerke auswendig zu lernen. Der Spracherwerb geschieht, wie es dem krummen Holz entspricht. Mit sechs bis acht Monaten brabbelt das Kind vor sich hin, anscheinend ziemlich mühelos, jedenfalls ohne daß es Vokabeln oder Konjugationen büffeln müßte. Es probiert das gesamte Repertoire an Phonemen aus, die ein Mensch hervorbringen kann, auch solche, die es in Europa gar nicht gibt, wie die Knack- und Schnalzlaute der Afrikaner. Je nachdem, was es hört, sortiert es diejenigen aus, die in der Sprache seiner Mutter nicht vorkommen. (Wenn es als Erwachsener eine Fremdsprache lernt, wird es ihm schwerfallen, sie wieder zum Leben zu erwecken.) Zwar ahmt es also die heimischen Stimmen nach, aber ein Papagei ist es nicht. Offenbar folgt es einem angeborenen, genetisch verankerten Programm. Dabei macht es Fehler über Fehler; aber es dauert nicht lange, bis es sie korrigiert hat. Ganz von selbst erkennt es nach und nach, wie sich »richtige« von »falschen« Sätzen unterscheiden. Selbst an seinen grammatischen Irrtümern zeigt sich, wie intelligent es dabei vorgeht. Sagt es zum Beispiel *Das giltet nicht*, statt *Das gilt nicht*, so heißt das nur, daß es intuitiv eine Regel kapiert hat und versucht, sie anzuwenden. Denn warum soll mit *gelten* nicht funktionieren, was sich bei tausend andern Verben bewährt hat? Schließlich hört ihr kleiner Liebling auch, wie die Mama sich darüber beschwert, daß er *nuckelt*, *kleckert* und *dreckelt*. Schon hat das kleine Kind herausgefunden, wie ein schwaches Verb konjugiert wird, und bald wird es auch mit den starken Verben fertig werden.

Was ein Fehler ist, stellt sich immer erst hinterher heraus. Das gilt auch für die Erwachsenen. Immer mehr Leute hört man sagen: *Ich gehe jetzt, weil, ich habe keine Lust, länger zu warten.* Damit wenden sie eine Regel an, die für Sätze mit *denn* gilt: *Ich gehe jetzt, denn ich habe keine Lust, länger zu warten.* Vielleicht wird die »falsche« Konstruktion in zehn oder zwanzig Jahren zur Norm werden und als völlig korrekt gelten. Jedenfalls ist sie schon heute keineswegs unverständlich; sonst wäre sie nämlich längst verschwunden. Auch der Dreijährige gibt ziemlich schnell syntaktische oder semantische Extravaganzen auf, wenn er merkt, daß ihn nicht einmal die eigene Mama versteht.

So fest ist unserm Gehirn das Wissen eingeschrieben, das wir als Kinder erworben haben, daß es uns schwerfällt, eine reine Nonsens-Sprache zu erfinden. Immer schleichen sich semantische und syntaktische Strukturen aus der natürlichen Sprache ein. (Daran sind übrigens auch die kühnen Dichter gescheitert, die sich den Spaß geleistet haben, so zu lallen wie die Babys. »siwi faffa / sbugi faffa / olofa fafamo / faufo halja finj« – ja, so zu reden, das hat Hugo Ball, damals, als Dada noch neu war, viel Spaß gemacht, aber auf die Dauer hat es doch blutwenig gebracht.)

HUT AB VOR DER WISSENSCHAFT. Natürlich wissen die Linguisten das alles längst, und sie wissen noch viel, viel mehr. Die Mühe, die sie sich geben, hat etwas Ergreifendes. Ganz gewiß ist es leichter, einen Sack Flöhe zu hüten, als mit den Ungereimtheiten der natürlichen Sprachen fertig zu werden.

Schon die traditionelle Grammatik hat versucht, ein schönes, einwandfreies System daraus zu machen. Aus historischen Gründen hat sie sich dabei am Modell des Lateinischen orientiert. (Wahrscheinlich konnten die Herren, die sie entwickelt haben, kein Chinesisch und sprachen weder Mapuche noch Mundari.) Ältere Leute, die sie im Schlaf herbeten mußten, erinnern sich noch an die berüchtigten Deklinations- und Konjugationstabellen aus dem Lateinunterricht: *mensa, mensae, mensae, mensam, mensa, mensae, mensarum, mensis, mensas, mensis* oder *amo, amas, amat, amamus, amatis, amant* ...

Nach dem Modell der lateinischen Sprache arbeitet auch heute noch jeder ordentliche Lehrplan, und zwar schon deshalb, weil so gut wie alle Termini der Grammatik aus dem Lateinischen stammen, obwohl sie auf die Eigentümlichkeiten unserer Sprache oft wie die Faust aufs Auge passen. Trotzdem haben wir uns an Ausdrücke wie *Futur II, Konjunktiv, Modalverb, Plusquamperfekt, Genus* und *Genitiv* gewöhnt, und da keine bessere Option in Sicht ist, müssen wir wohl oder übel mit ihnen operieren.

Die moderne Linguistik ist allerdings über solche Lappalien weit erhaben. Sie hat ein theoretisches Niveau erreicht, das so hoch ist, daß dem Laien einfach die Luft wegbleibt. Flexionsmuster wie die von *mensa*, wie sie in der Schule eingeübt werden, lassen sie kalt, und überhaupt interessiert sie sich für die Merkwürdigkeiten und Schönheiten wirklicher Sprachen nur insofern, als sich darin allgemeine Gesetzmäßigkeiten zeigen. Darin sind Linguisten nicht besser, aber auch nicht schlechter als, sagen wir, Physiker oder Geologen, die sich ja auch nicht darum kümmern, wie schön ein Gebirge ist oder wie eigenartig eine Schneeverwehung aussieht. Ein Glaziologe untersucht lieber Strömungsverhältnisse, Abrieb, Klimaschwankungen und beschäftigt sich mit den allgemeinen Gesetzmäßigkeiten, nach denen sich ein Gletscher entwickelt.

Es lohnt sich jedenfalls, den Linguisten ein wenig über die Schulter zu schauen. Manche ihrer abstrakten Theorien sind durchaus von Nutzen beim Blick auf die Seltsamkeiten, denen wir noch begegnen werden. (Wer aber mit Theorien absolut nichts anfangen kann, und solche Menschen soll es geben, dem rate ich, die folgenden zwei, drei Unterkapitel einfach zu überblättern und auf Seite 25 weiterzulesen. Andere werden sich womöglich am Scharfsinn der

Forscher ergötzen. Komplizierte Formeln sind jedenfalls nicht zu befürchten.)

UNIVERSAL GENÄHT HÄLT BESSER. Der berühmteste Pionier der neueren Linguistik ist Noam Chomsky, der vor fünfzig Jahren mit seiner Theorie der *generativen Grammatik* nicht nur die Sprachwissenschaft umgekrempelt hat. Worum es da geht, ist im Prinzip gar nicht so abstrakt, daß man ihm nicht folgen könnte, denn den Ansatz bilden einige ebenso bekannte wie bemerkenswerte Selbstverständlichkeiten. Zunächst wird die simple Feststellung, daß alle Wörter und Sätze eine bestimmte Form oder Struktur haben, nicht nur auf die Laut- oder Schriftseite bezogen, wie es die Sprachforscher immer schon getan haben, sondern rigoros auch auf alle möglichen gewissermaßen unsichtbaren Aspekte. Ein solcher Aspekt ist die syntaktische Oberflächenstruktur. Damit sind die Zusammenhänge zwischen den Wörtern im Satz gemeint. Diese Struktur kann z. B. durch einen Stammbaum folgender Art dargestellt werden kann:

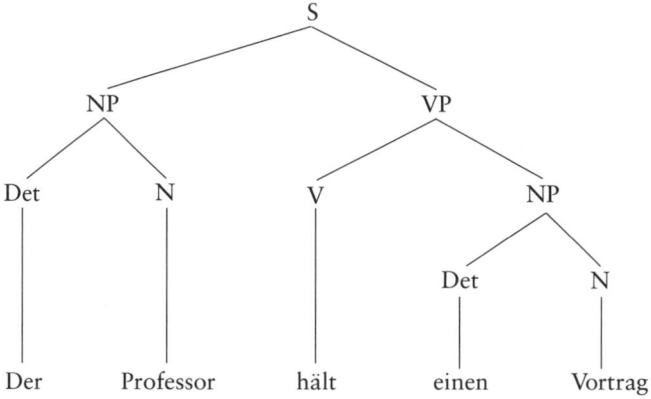

S, NP, VP, Det, N usw. sind Symbole für grammatische Einheiten: S steht für Satz, NP für Nominal-Phrase, N für Nomen usw. Bei komplexen Satzgebilden kann ein solches Diagramm leicht zu einem veritablen Baumriesen mit vielen Verzweigungen anwachsen.

Das kommt daher, daß man ja jeden Satz durch Ergänzungen immer wieder erweitern kann. Der Preis für derartige Strukturanalysen ist jedoch der hohe Abstraktionsgrad der zugrundeliegenden Theorie. Selbst in einer relativ braven Darstellung liest sich das so:

In Anlehnung an die Vorstellung eines Stammbaums besteht der Strukturbaum aus einer Wurzel (auch: Ausgangsknoten) sowie mehreren Verzweigungs-Punkten (auch: Knoten) und verbindenden Ästen (auch: Kanten). Bei der Abbildung des hierarchischen Aufbaus und der inneren Strukturierung von Konstituenten entsprechen die Knoten den grammatischen Kategorien (z. B. *S, NP, VP*) und die Kanten der Relation des Dominierens. [...] *S* dominiert unmittelbar *NP* und *VP*, mittelbar alle anderen Knoten des Baumes, während jeder Knoten, der sich links von einem anderen Knoten befindet, unter der Voraussetzung, daß keiner der beiden Knoten den anderen dominiert, diesem vorausgeht, also *NP* geht *VP* voraus, *Det* dem *N* usw. ... [Dabei] sind sich kreuzende Knoten nicht zugelassen, da der Strukturbaum unter (a) den entsprechenden Phrasenstrukturregeln unter (b), den Indizierten Klammerregeln unter (c) und dem Kastendiagramm unter (d) äquivalent ist, in diesen Darstellungstypen aber sich kreuzende Konstituenten nicht abbildbar sind.

Zwar staunt hier der Laie, der Fachmann aber wundert sich nicht. Denn er weiß, wozu das alles dient. Alles, was wir sagen, hören, schreiben, lesen, gibt, wenn man es auf diese Weise analysiert, seine formale Struktur preis und läßt sich schließlich sogar durch mathematische Operationen charakterisieren, als eine Art Berechnungsprozedur. Das hat sich nicht nur als sehr erfolgreich erwiesen, es hat auch zu überraschenden Folgerungen geführt. Zwar hat jeder von uns schon immer geahnt, daß die Sprache eine ziemlich komplizierte Angelegenheit ist. Aber daß sie in einem mathematisch beweisbaren Sinn zu komplex ist, als daß man sie durch Üben und Nachahmen erlernen könnte, diese Folgerung ist unerwartet und scheint paradox. Schließlich lernt jedes Kind in wenigen Jahren umstandslos seine Muttersprache. Und auch der Fremdsprachenerwerb ist je früher desto erfolgreicher.

Das heißt aber nur, sagt Chomsky nun, daß ein Kind gar nicht bei Null anfängt, sondern für den Spracherwerb eine Ausstattung mitbringt, die diese erstaunliche Entwicklung überhaupt erst möglich macht. Daß die Fähigkeit zum Erwerb und Gebrauch der Sprache eine Eigenschaft ist, die den Menschen von jeder anderen Spezies unterscheidet, ist keine neue Botschaft, sondern wiederum eine wohlbekannte Tatsache. Neu ist aber die These, daß man diese Fähigkeit wissenschaftlich erkunden und ihren Inhalt zu beschreiben versuchen kann.

Welche speziellen Berechnungsleistungen muß unser Gehirn bereitstellen, damit Worteigenschaften und Satzstrukturen möglich sind, die uns zwar geläufig, die in Wahrheit aber äußerst vertrackt sind, und die wir beherrschen, ohne daß wir wüßten, wie es geschieht? Dieser Frage kann man nun mit dem Besteck der Linguistik nachgehen. Das Programm, das Chomsky und seine Kollegen sich vorgenommen haben, besagt nämlich erstens: jede Sprache funktioniert auf der Basis eines komplexen, abstrakten Systems von Regeln (die unter anderem Bäume der betrachteten Art aufbauen), und zweitens: jedes Regelsystem ist nach den gleichen allgemeinen Prinzipien aus den gleichen Grundelementen aufgebaut. Dieses allgemeine Schema kann man sich als ein System vorstellen, das den Rahmen für die unterschiedlichsten Sprachen vorgibt, gewissermaßen den abstrakten Bauplan für jedes denkbare Idiom.

Diese Idee hat übrigens eine bedeutende Vorgeschichte. Im französischen Rationalismus hieß sie *grammaire générale*, modern heißt sie *Universalgrammatik*. Gemeint ist damit aber nicht eine Grammatik für alle Sprachen, sondern ein System von Bedingungen, nach denen sich jeweils eine Grammatik richtet, die zu dem paßt, was wir in unserer jeweiligen Umgebung hören. Der Prozeß, der dann abläuft, ist das, was ganz spontan und weitgehend unbemerkt stattfindet, wenn ein Kind die Muttersprache erwirbt.

Die Suche nach den Universalien, aus denen dieses System besteht, ist ein enorm erfolgreiches Programm, an dem inzwischen außer der Linguistik auch die Verhaltensforschung, die Neurowissenschaften und die Evolutionstheorie teilhaben. Aber ebensowenig wie andere Wissenschaften kann sich die Linguistik auf ihren Lorbeeren ausruhen. Stets nagt der Zweifel an den schönsten Ergebnissen. Ein berühmtes Beispiel ist die Einteilung eines Satzes in Subjekt und Prädikat, die auf die aristotelische Logik zurückgeht. Neuere Forschungen haben aber gezeigt, daß es australische Sprachen gibt, in denen so etwas wie ein funktionelles Subjekt gar nicht vorhanden ist. Das wirft ein schräges Licht auf »unsere« Universalien und kann zur Revision etablierter Theorien führen.

Das Prinzip, nach dem die Gliederung eines Satzes organisiert wird, muß also anders, muß abstrakter formuliert werden. Noch bedeutsamer sind die Revisionen, die aus der Entdeckung folgen, daß die Gebärdensprachen der Gehörlosen nach den gleichen generellen Prinzipien aufgebaut sind wie die gesprochene Sprache, daß sie überhaupt im Wesentlichen vollkommen gleichrangige Ausprägungen der Sprachfähigkeit sind. Die von den Linguisten lange Zeit gehegte Idee, daß die Grundbedingungen der Lautbildung, die phonetischen Merkmale, zu den sprachlichen Universalien gehören, die fest im Gehirn verdrahtet sind, diese Idee muß also revidiert werden: die Sprachfähigkeit findet auch auf andere Weise einen Weg, sie braucht nur die Disposition zum Bilden und Erkennen von strukturierten Signalen. Allerdings muß die Idee der phonetischen Universalien doch nicht ganz aufgegeben werden. Denn wenn die Schallwellen richtig aufgenommen werden und ihre Information im Gehirn ankommt, dann treten ganz normal die phonetischen Merkmale in Kraft, mit allem, was die Linguisten über sie herausgefunden haben.

Soviel oder so wenig zur Großen Theorie. Wenn ich es recht bedenke, frage ich mich, wie es möglich ist, daß ein Sprachforscher imstande ist, in aller Unschuld ganz normale Sätze hervorzubringen. Wie kommt es, daß er nicht über seine eigenen Erkenntnisse stolpert, wenn er im Pub ein Glas Bier bestellt? Denn so interessant, so folgenreich und so weitreichend das Thema Universalgrammatik für die Wissenschaft auch war und ist, es hilft uns kaum dabei, einen halbwegs verständlichen Satz zu bilden, wenn wir den Mund aufmachen oder eine E-Mail schreiben. Wo kämen wir hin, wenn wir uns jedesmal an einem Strukturbaum entlanghangeln müßten, nur um festzustellen, daß der Professor einen Vortrag hält! Aber darum geht es Chomsky, seinen Mitstreitern, Gegnern und Rivalen auch gar nicht. Sie sind, wie gesagt, auf der Suche nach den Prinzipien, auf denen all das beruht und die wir uns so wenig bewußt machen müssen und können wie die Bedingungen, die uns räumliches Sehen oder die Balance beim Radfahren ermöglichen. Was uns hier auf unseren Streifzügen beschäftigt, sind dagegen nicht die unbemerkt wirksamen Prinzipien und Bedingungen, sondern gerade die Dinge, die man sich leicht bewußt machen kann, die einem auffallen, weil sie an der Oberfläche liegen.

FEHLANZEIGE! Aber damit wir uns nicht mißverstehen: das heißt durchaus nicht, daß wir, die unwissenschaftlichen Sprecher, uns um keine Regeln und Prinzipien scheren, nach dem Motto »anything goes«. Ganz im Gegenteil! Wir kennen so viele Regeln, daß kein Mensch sie alle formulieren kann, und fast immer halten wir sie auch ein.

Daß das so ist, zeigt sich darin, daß wir bei aller Ahnungslosigkeit erstaunlich feine, hochempfindliche Ohren für die Sprache haben, die zwischen falschen und richtigen, reichhaltigen und armseligen, klaren und schlampigen, aber eben auch regelgemäßen und regelwidrigen Sätzen auf Anhieb unterscheiden können:

Der Professor hat seinen Vortrag doch noch nicht gehalten.
*Der Professor hat seinen Vortrag noch nicht doch gehalten.

Daß mit diesem letzten Satz etwas nicht in Ordnung ist – weshalb wir ihn mit einem kleinen Sternchen markieren –, fällt auch jedem

Dumpfbeutel auf. Auch wer sich nie über die Grammatik den Kopf zerbrochen hat, merkt, daß er knirscht, ebenso wie es auch dem Autofahrer, der von der Mechanik einer Kupplung keine Ahnung hat, sofort auffällt, wenn das Getriebe kreischt, weil er den falschen Gang eingelegt hat. Das machen sich dann wiederum die Linguisten zunutze, um zu klären, welche Prinzipien im Spiel sind, wenn es knirscht. Im Deutschen wird aus einem Satz eine Frage, wenn das Verb an den Anfang kommt:

Der Mann, der die Zeitung bringt, kommt wirklich später.
Kommt der Mann, der die Zeitung bringt, wirklich später?

Aber warum kann es nicht das erste erreichbare Verb sein, das nach vorne kommt?

* Bringt der Mann, der die Zeitung, kommt wirklich später?

Jeder weiß, daß man so nicht fragen kann, und die Linguisten haben auch ein Prinzip der Universalgrammatik, mit dem sie das erklären. Es heißt *Subjazenz-Prinzip* und verbietet – nicht nur im Deutschen –, daß eine Regel etwas aus einem untergeordneten Satz entwendet.

Man kann die Sache aber auch umgekehrt anpacken, indem man statt von den Regeln von den Verstößen gegen die Regeln ausgeht. Aus dieser Überlegung hat sich ein besonders charmantes Forschungsfeld entwickelt, die Fehlerlinguistik. So wie Freud versucht hat, der Psyche auf die Schliche zu kommen, indem er ihre Fehlleistungen untersuchte, und so, wie die Hirnforscher anhand der Störungen und Ausfälle dieses Organs auf dessen normale Funktionen Rückschlüsse ziehen, so interessiert sich die Fehlerlinguistik für Sätze, bei denen irgend etwas schiefgelaufen ist.

Daß in einem so reichhaltigen System wie der natürlichen Sprache mehr passieren kann als nur der eine oder andere Fehler, den der Lehrer bei einem Schulaufsatz rot anstreicht, ist kein Wunder. Deshalb ist auch die Fehlerlinguistik ein weites Feld. Die Gelehrten haben die verschiedenen Möglichkeiten, etwas falsch zu machen, säuberlich etikettiert und herausgefunden, daß es davon drei hauptsächliche Typen gibt. Die simpelste Fehlerquelle kennt jeder, der eine Fremdsprache lernt: man hat schlicht und einfach nicht alle einschlägigen Regeln parat. Das passiert aber auch in der Phase des Spracherwerbs, zum Beispiel, wenn das Kind sagt *Das giltet nicht.*

Eine zweite Klasse von Fehlern erzeugen die Linguisten selber, um sprachliche Regeln zu prüfen oder zu demonstrieren. Auch wir haben vorhin eine solche Falle absichtlich aufgestellt, mit dem Sternchensatz:

* Der Professor hat seinen Vortrag noch nicht doch gehalten.

Aber die häufigsten Fehler entstehen ganz spontan. Das sind die sogenannten Versprecher. Dazu gehören die *Anakoluthe*, Sätze, die aus dem Ruder laufen, weil der geplante Satz zu lang oder zu verschachtelt wird, aber auch unwillkürliche Vertauschungen wie **Bewandtenversuche* statt *Verwandtenbesuche.*

Natürlich haben die Dichter sich die Tricks, die solche Regelverletzungen ermöglichen, nicht entgehen lassen. In Kleists Dramen wimmelt es von gezielten Anakoluthen, die das Pathos, die Erregung steigern:

DER MYRMIDONIER: Stürzt, die Königin!
　Und eine Jungfrau blindhin über sie –
DER DOLOPER: Und eine noch –
DER MYRMIDONIER: Und wieder –
DER DOLOPER: Und noch eine –
DER HAUPTMANN: Ha! Stürzen, Freunde?
DER DOLOPER: Stürzen –

und so weiter ...

Die Möglichkeiten des Versprechers wiederum nutzt auf trivialere Art der Schüttelreim, aber auch das berühmte Gedicht Ernst Jandls: »manche meinen / lechts und rinks / kann man nicht / velwechsern. / werch ein illtum!«

Zweite Runde

GESPROCHEN VS. GESCHRIEBEN. Strenggenommen gibt es für jede alphabetisierte Sprache mindestens zwei Grammatiken, die sich stark voneinander unterscheiden. Das mündliche Deutsch, das wir jeden Tag gebrauchen, folgt ganz anderen Regeln als das geschriebene, von dem die Lehrbücher handeln. (Kann man die gesprochene Rede überhaupt mit den Mitteln der Grammatik hinreichend genau beschreiben? Man kann, und für eine ganze Reihe von Dialekten ist das auch geschehen. Allerdings war die traditionelle Sprachwissenschaft jahrhundertelang aufs Schriftliche fixiert.)

Wie leicht fällt es uns, zwischen mündlicher und geschriebener Sprache hin- und herzuwechseln! Wir merken es kaum, wie verschieden diese beiden Codes sind. Erst wenn wir versuchen, einen gesprochenen Text zu transkribieren, tut sich ein Abgrund auf. Je genauer das Protokoll, desto sonderbarer mutet es an. Einerseits ist das Gerede voller Redundanzen. Das, worauf wir Wert legen, wiederholen wir hemmungslos, ohne es zu merken. Allerhand Füllsel mischen sich ein. Der Text ist voller *Ähs*, voller abgebrochener Sätze (*Anakoluthe*): das reinste Gestammel! Andererseits sprechen wir nur die Hälfte von dem aus, was wir meinen; die andere bleibt ungesagt, weil sie sich »von selbst versteht«, weil der andere errät, was wir denken (*Präsuppositionen* und *Implikationen*), weil wir es durch unsere Miene, unsern Tonfall, unsere Gestik ausdrücken, weil wir uns den Luxus leisten, alles mögliche auszulassen (*Ellipse*). Manches ist fast unverständlich, wenn es uns schwarz auf weiß vor die Augen kommt.

Aber die »falsche« Grammatik, der wir uns anvertrauen, wenn wir reden, ist ganz und gar nicht falsch, nur radikal anders. Wer, wie dereinst Theodor W. Adorno, immer nur in korrekten, druckreifen Sätzen spricht, verblüfft zwar seine Zuhörer, wirkt jedoch eher wie ein Wundertier. Die Probe aufs Exempel liefert jedes beliebige Telephongespräch, wie man es heutzutage, dem sogenannten Handy sei Dank, auf offener Straße belauschen kann:

Da hat er mir dann einfach, du kennst ihn ja, also als wär nix gewesen, fängt er an, wie er mich vermißt hat, ausgerechnet, nach alldem, was der Typ sich geleistet hat, ich denke, der spinnt ja, auf so was falle ich schon lang nicht mehr herein, und da will mir der Scheißkerl weismachen, du redest dir das alles bloß ein, sagt er, und dann behauptet er glatt, so war's überhaupt nicht, und ich natürlich, da ist man sprachlos, was sagt man in so einem Fall, gut, sage ich, meinetwegen, dann eben nicht, aber die andere Geschichte, die mit der Mara, dieser Schlampe, gib dir keine Mühe, ich weiß alles, du hast mit ihr im Büro, und er, entschuldige mal, welche Mara? So was von scheinheilig, du wirst schon sehen, sage ich, was passiert, ich mach das nicht länger mit, also ich kann dir sagen, mir hat's gereicht, verstehst du? Was? Ja natürlich rege ich mich auf, ha, was glaubst du denn, dich möchte ich sehen, wenn dir einer so kommt, jetzt gibt's nur noch eins, hab ich gesagt, zum Anwalt und fertig, nicht daß der sich einbildet, mit mir kann er alles machen, da hättest du ihn aber hören sollen, erst brüllt er mich an, ich denke schon, jetzt dreht er ganz durch, Moment mal, ich stecke mir nur schnell eine an, immer verschwinden diese Feuerzeuge, entschuldige, bist du noch dran? Na ja, und dann labert er was von wegen Hypothek und so, weil die Bank, die macht das natürlich nicht länger mit, weil, er kümmert sich ja um nichts, dauernd überzieht er, was das Zinsen kostet, Wucherzinsen sind das, was wollte ich sagen? Egal, du verstehst schon, so geht das nicht, sage ich ihm ganz cool ins Gesicht, das ist dein Problem, Schluß aus, und stell dir vor, da hat er einfach eingehängt.

Eine solche Unterhaltung vom Tonband in normales Schriftdeutsch zu übertragen ist keine Kleinigkeit. Mit Sicherheit käme dabei ein völlig anderer Text, das heißt aber auch ein völlig anderer Sinn heraus.

Andererseits geht die Mündlichkeit auch im druckreifsten aller geschriebenen Texte nie ganz unter. Dieser gesprochene Rest verbirgt sich im Tonfall des Verfassers, der auch die stille Lektüre unüberhörbar steuert. Von der Schulgrammatik wird diese zentrale stilistische Kategorie meist recht stiefmütterlich behandelt. Das liegt vermutlich daran, daß es extrem schwerfällt, sie formal zu beschreiben. Aus dem gleichen Grund fällt ein Epigone, der versucht, den Tonfall seines Meisters nachzuahmen, so gut wie immer auf die Schnauze. Der Literaturwissenschaftler kann zwar den Satzrhythmus eines Autors analysieren und seine Prosodie untersuchen; doch stößt seine Methode ebenso an ihre Grenzen wie die des Nachtreters oder des Parodisten. Ein trainiertes Ohr ist in der Lage, Nuancen zu unterscheiden, die der Wissenschaft unzugänglich sind. An ihnen entscheidet sich, ob die Stimme des Erzählers den Leser gefangennimmt, und ob eine Gedichtzeile sich dem Gedächtnis einschreibt oder nicht.

Aber die Intonation ist keineswegs nur eine stilistische Frage. Nicht jeder von uns ist in der Lage, das, was auf der gedruckten Seite steht, anderen angemessen vorzulesen. (Oft schlafen die Zuhörer schon nach ein paar Minuten ein, und das ist kein Zufall; denn es ist und bleibt eine heikle Sache, den toten Lettern Leben einzuflößen.)

TEXTE UND ZEICHEN. Die sechsundzwanzig Buchstaben des lateinischen Alphabets geben das, was wir sagen, nicht einmal annähernd genau wieder. Daran können auch Sonderzeichen wie die deutschen Umlaute und die vielerlei Akzente, Häkchen, Tremata und Kringel unserer europäischen Nachbarn nichts ändern:

à á â ã å æ ā ă ą ć ĉ ċ č ç d' đ ð ē ĕ ė ę ě è é ê ë ĝ ğ ġ ĥ h ħ ī ĩ ï ì í î ï į ĵ ķ
ĺ ļ ľ l· l̷ ñ ń ŋ 'n ō ŏ ő ò ó ô õ ø œ ŕ ŗ ř ś ŝ ş š ş ş ţ ŧ t' ū ũ ŭ ů ű ù ú û ų ŵ ŷ ý
ÿ ź ż ž

27

Hilft alles nichts, wenn es darum geht, die genaue Aussprache eines Wortes anzugeben. Um diesem Mangel abzuhelfen, hat der dänische Linguist Otto Jespersen anno 1886 ein phonetisches Alphabet erfunden. Nach allerhand Verbesserungen besteht es heute, wenn ich mich nicht verzählt habe, aus fünfundachtzig Zeichen und etwa fünfzig weiteren Symbolen:

a ɑ æ β ɓ ʙ ç ɕ ð d ɗ ɖ ɛ ɜ ə ɚ ɘ g ɡ ɣ ˠ ɢ ɠ h ʰ ɦ ħ ʜ ɥ ɪ ɨ ᵻ ʲ ɟ ʄ ɬ ɮ ʎ
l ʟ ɱ ŋ ɲ ɴ ɔ ø œ ɵ ɞ ɤ ɸ ɾ ɽ ʀ ʁ ɺ s ʃ ʂ f θ ʊ ʉ ɯ ʌ ʋ ʷ ʍ χ ɥ ʏ ᵿ ʒ ʐ
ʑ ʔ ʕ ˤ ʡ ʢ ǀ ǁ ǂ ⊙

Man trifft dieses *Internationale Phonetische Alphabet (IPA)* hauptsächlich in Wörterbüchern an, die es mit der Aussprache genau nehmen.

Davon kann unsere Alltags-Orthographie natürlich nur träumen. Sie ist nichts weiter als ein historischer Kompromiß, und das ist auch gut so; denn wo kämen wir hin, wollten wir wirklich alles, was wir sagen, so aufzeichnen, wie es sich anhört? Mit allen Lisplern, mit allem Gestotter, allen höchstpersönlichen Brummtönen und Mundartvarianten?

Außer den sechsundzwanzig Lettern stellt uns die deutsche Orthographie ein paar Ligaturen wie *ch*, *sch*, *ck* und *tz* zur Verfügung, und eine weitere Lesehilfe, die Interpunktion. Sie verrät uns, daß nach einem Punkt gewöhnlich eine kleine Pause am Platz ist, daß wir vor einem *!* ein bißchen lauter werden und vor einem *?* die Stimme heben dürfen. Alles in allem eine eher bescheidene Ausrüstung, die uns kaum weiterhilft, wenn es um Betonung, Artikulationsweise, Intonation und Satzmelodie geht.

Jede natürliche Sprache hat da ihre eigenen, mehr oder weniger geschriebenen und ungeschriebenen Regeln. Im chinesischen Mandarin und in vielen afrikanischen Sprachen kommt es auf die Tonhöhe an: ein und dieselbe Silbe kann eine radikal andere Bedeutung annehmen, je nachdem, welcher Ton angeschlagen wird. Damit wäre unser Alphabet überfordert. Andere Sprachen, wie das Schwedische oder das Japanische, beharren auf dem richtigen Akzent. Aus alldem resultiert das, was man die »Sprachmelodie« nennt, ein Ausdruck, der eine gewisse begriffliche Verlegenheit verrät. Ein weiteres wesentliches Merkmal ist die Artikulationsbasis. Darunter versteht man, grob gesprochen, die Auswahl, die jede natürliche Sprache aus den vielfältigen Möglichkeiten der menschlichen Lautung trifft, und die sich der Erwachsene kaum mehr abgewöhnen kann. Daher kommt es, daß der Ausländer, auch wenn er Grammatik und Lexikon ausreichend beherrscht, es selten dahin bringt, daß er nicht als Fremder erkannt wird, sobald er den Mund aufmacht.

SCHIBBOLETH. »Wenn nu sprachen die flüchtigen Ephraim / Las mich hin über gehen / So sprachen die Menner von Gilead zu jm / Bistu ein Ephraiter? Wenn er denn antwortet / Nein / So hiessen sie jn sprechen / Schiboleth / So sprach er / Siboleth / vnd kunds nicht recht reden / So griffen sie jn vnd schlugen jn an der furt des Jordans.« (Richter 12, 5–6) Soweit die Bibel. Heute noch nennen die Linguisten ein charakteristisches Sprachmerkmal, an dem man erkennen kann, woher der Sprecher kommt, ein *Schibboleth*.

Dem Fremden, der an einem Tisch im Biergarten Platz nimmt, kann es passieren, daß ihn ein Münchner auffordert, das Wort *Oachkatzlschwoaf* auszusprechen; er wird diesen Test schwerlich bestehen, weil der Diphtong *oa* im Hochdeutschen nicht vorkommt. Auch das Internationale Phonetische Alphabet wird ihm dabei kaum eine große Hilfe sein. Überhaupt stellt die Transkription der Dialekte der Rechtschreibung allerhand tückische Fallen. Ludwig Merkle drückt es in seiner wunderbaren *Bairischen Grammatik* so aus:

Der Dialekt ist eine Mund-Art; es bestehen keine verbindlichen Regeln, wie man ihn zu schreiben hat; und so darf's jeder halten, wie er will. Grundsätzlich gibt es drei Möglichkeiten, wie man eine Mundart schreiben kann:

1. Man deutet sie bloß an, in der Erkenntnis: Wer sie beherrscht, wird sie wahrscheinlich trotzdem richtig lesen; wer sie nicht kann, der liest sie falsch, auch wenn sie noch so raffiniert geschrieben ist. [...] 2. Man greift zum anderen Extrem und schreibt – mit dem hergebrachten Alphabet – so lautgetreu wie möglich. Dadurch entsteht ein zwar schwer entzifferbares, aber äußerst malerisches Schriftbild. [...] 3. Man bedient sich, da die 26 Buchstaben des Alphabets nicht im entferntesten zur Wiedergabe aller vorkommenden Töne ausreichen, eines Lautschriftsystems. Dies ist die exakteste Methode, aber nur einem äußerst langmütigen Publikum zumutbar.

Das alles gilt natürlich ebensowohl für das Hochdeutsche. Auch in unserer Orthographie wird ein und derselbe Laut auf verschiedene Weise geschrieben, und umgekehrt gibt ein und dasselbe Zeichen verschiedene Laute wieder – ein Umstand, mit dem sich Reformer und Bürokraten in ihrem Regelungswahn nur schwer abfinden können. Führend in diesem Streben sind die Norweger. Aus historischen Gründen gefällt ihnen ihre eigene Sprache nicht, weil sie in der Zeit, als das Land politisch von Dänemark abhängig war, vieles vom Dänischen übernommen hat, ein nationaler Makel, der sie auch hundert Jahre nach der Erlangung ihrer Souveränität noch immer kränkt. Deshalb gibt es ganz offiziell zwei norwegische Schriftsprachen und unzählige lokale Varianten. Und aus dem gleichen Grund lassen sich die Norweger, obwohl sie sonst eher störrisch sind, ungefähr alle zwanzig Jahre eine Rechtschreibreform gefallen, die mit dem alten Ärger endlich aufräumen soll; nicht nur sämtliche Schulbücher, sondern auch die Klassiker werden zu diesem Zweck permanent umgeschrieben. Das Resultat ist ein Wirrwarr ohnegleichen.

Es versteht sich, daß die deutsche Obrigkeit angesichts solcher Fortschritte vor Neid erblassen muß. Deshalb haben sich Didaktiker und Agenten des Duden-Monopols vor Jahren in irgendwelchen Hinterzimmern zusammengerottet, um mit der deutschen Sprache gründlich aufzuräumen. Ein Kreis von Legasthenikern, der es zu Ministerämtern gebracht hat, deckt, vermutlich aus Größenwahn und Eitelkeit, diese Leute und möchte uns vorschreiben, wie wir zu schreiben haben. Da wird es das beste sein, wir halten uns an einen Satz des Großen Kriminellen Vorsitzenden Mao Tse-tung: »Es kommt darauf an, wer den längeren Atem hat.«

Wer sich als Herrscher über die Sprache aufspielt, hat nicht begriffen, daß es sich um das einzige Medium handelt, in dem die Demokratie schon immer geherrscht hat. Selbsternannte Autoritäten kann es da nicht geben. Was eine Sprachgemeinschaft akzeptiert und was sie ablehnt, darüber entscheiden Millionen. Ein einfacher Test dürfte hier genügen: Welche Idiome haben es zu Weltsprachen gebracht? Das Lateinische mit seinen absurden Flexionen; das Arabische, das nur die Konsonanten schreibt und es dem Leser überläßt, die Vokale zu ergänzen; das Französische mit seiner abwegigen Orthographie; und das Englische mit seinem blühenden Chaos; nicht aber Sprachen, die über eine vernünftige Rechtschreibung verfügen, wie das Italienische und das Finnische.

Ein *u* wird im Englischen auf mindestens siebzehn verschiedene Weisen wiedergegeben: durch u, in *rule* oder *push*; durch ue, in *blue*; durch ui, in *fruit*; durch œu oder eu, in *manœuvre/maneuver*; durch ou, in *group*; durch ew, in *stew*; durch o, in *move*; durch oe, in *shoe*; durch oo, in *moon*; durch ough, in *through*; durch oul, in *would*; durch hou, in *ghoul*; durch wo, in *two*; durch orce, in *Worcester*; durch uh, in *uhlan*; und durch ugh, in *ugh*. Und umgekehrt wird ein *u* selten wie ein u ausgesprochen, sondern je nachdem wie ein a in *run*, wie ein abgeschwächtes e in *upon*, wie ein œ in *turn*, wie ein ju in *duty*, oder es bleibt stumm wie in *guest*.

Dieser Wirrwarr hat noch niemanden daran gehindert, Englisch zu lernen. Es ist eine dreiste Lüge, wenn die Sprachplaner behaupten, es ginge ihnen ja nur um die armen Schüler, die von den alten, ach so schwierigen Schreibweisen überfordert wären. Woher kommt es dann, daß diese bedauernswerten Geschöpfe überall auf der Welt, und zwar besonders in Deutschland, fast alle fließend Englisch sprechen und mühelos jeden Hit buchstabieren, der in den Charts auftaucht?

DEUTSCH IM PLURAL. *Das Englische, das Suaheli, das Portugiesische* – Sprachen haben keinen grammatischen Plural. Eigentlich seltsam! Gibt es nicht ein britisches, ein amerikanisches, ein karibisches Englisch? Wer wüßte nicht, daß die Schwarzen in den USA und in der Karibik es längst zu einem eigenen Idiom gebracht haben? Und was das europäische und das brasilianische Portugiesisch betrifft, so driften sie seit Menschengedenken auseinander. Jeder, der das einsieht, wird zugeben müssen, daß es auch das Deutsche nicht nur im Singular gibt.

Da fällt einem zuerst einmal das Österreichische ein. Aber gibt es das überhaupt? Betritt man nicht schon ein semantisches Minenfeld, sobald man diese Frage stellt? Es gab Zeiten, wo das so war; aber nun ist es doch schon über siebzig Jahre her, daß es Briefmarken mit der Aufschrift *Deutschösterreich* gab, und was das Wort *Ostmark* betrifft, so hat es auch nach dem sogenannten Anschluß (als wäre das Land ein Telephon) niemand gern in den Mund genommen.

Heikel bleibt's immer, wenn die Nachbarn sich über die Nachbarn äußern, ganz gleich in welcher Sprache, doch eines läßt sich kaum verschweigen: daß das Österreichische nichts weiter als ein oberdeutscher Dialekt ist, den die Linguisten teils dem Bairischen, teils dem Alemannischen zurechnen. Dafür spricht allein schon, daß es eine speziell österreichische Grammatik nicht gibt. Die Abweichungen sind minimal: ein origineller Imperativ des Plurals (*Hörts auf zu keppeln!*) und eine *gschupfte* zweite Person Plural (*Ihr glaubts wohl, ihr seids wos extrigs?*); hie und da ein Akkusativ statt einem Dativ, wenn's zum Beispiel soweit kommt, daß man *einen*, auf keinen Fall aber *einem kündigt*; ein kleines Plural-n bei *Mädeln, Pickerln* und *Nockerln* – das ist schon fast alles.

Die wahren Spezialitäten des Österreichischen scheinen erst in seinem wohlassortierten Vokabular auf, das bei jedem sensiblen Ausländer, jedenfalls, wenn es sich um einen Deutschen handelt, Neid erwecken muß. Das Feld ist so reich bestellt, daß ich mich mit ein paar Andeutungen begnügen und im übrigen auf die einschlägigen Wörterbücher verweisen muß.

Der Reisende wird gut daran tun, sich zuallererst mit dem Speisezettel vertraut zu machen, mit *Beugel* und *Beuschel*, *Marillen* und *Paradeisern*, *Ribiseln* und *Powidltatschkerln*. Das alles ist auf gar keinen Fall *lecker*, es schmeckt nur gut. Unentbehrlich ist auch die Kenntnis der etwa zwölf verschiedenen Kaffeezubereitungen. In die Verlegenheit, einen *Klubobmann* zu treffen, wird der Besucher kaum kommen; er braucht also nicht zu wissen, daß es sich dabei nicht um den ersten Mann eines Kaninchenzüchtervereins, sondern um einen Fraktionsvorsitzenden handelt. Überhaupt tut sich, sollte er mit ihnen Bekanntschaft machen, in österreichischen Kanzleien und Behörden für den Fremden eine wahre Wunderwelt auf. Es leben dort nicht nur die berühmten *Wirklichen Hof-* und *Kommerzialräte*, sondern auch *Exekutoren*, *pragmatisierte* und *quieszierende* Beamte.

Ganz generell kann man sagen, daß sich das Österreichische durch eine hohe Sensibilität in Standes- und Milieufragen auszeichnet. Auch wenn die Zeiten des Herrn von Hofmannsthal lange zurückliegen – sie haben doch eine Fülle *delizioser* Fremdwörter hinterlassen. Wo sonst würde man sich so ungern *fadisieren*, wo *gustiöser nachtmahlen*? Wo sonst könnte man aber auch, wenn man an die Falschen gerät, derart *odios inkommodiert*, *sekkiert*, ja sogar *insultiert* werden? Man braucht ja nur das Stadtviertel oder das *Stammbeisl* zu wechseln, und schon kann es einem passieren, daß jemand einen *pflanzt* oder *anzwidert*, so daß man am Ende ganz *petschiert* dasteht. Trotzdem wird der Fremde in Wien oder Salzburg durchaus geduldet, auch ohne daß er einen Sprachkurs absolviert hätte.

Das gilt auch für die »deutschsprachige Schweiz«, eine Bezeichnung, die freilich in die Irre führt. Die Eidgenossen sind nämlich allesamt polyglott. Außer ihrer Muttersprache, dem Schwyzer-

dütsch, lernen sie schon in der Elementarschule ihre erste Fremdsprache, das Hochdeutsche. Französisch, Englisch und Italienisch
kommen erst später an die Reihe. Man kann darüber streiten, ob es
sich beim Schweizerischen um einen Dialekt handelt oder nicht.
Tatsache ist, daß es sich um ein vollentwickeltes und äußerst reich-
haltiges Idiom handelt, das der deutsche *Schwaab* (der gelegentlich
auch als *Souschwaab* apostrophiert wird, wenn er außer Hörweite
ist) einfach nicht versteht. Und Tatsache ist auch, daß diese Sprache
nicht nur im Alltag, sondern auch im Radio, im Fernsehen und in
der Rockmusik dominiert; daß an den Universitäten Vorlesun-
gen auf Schwyzerdütsch gehalten werden; daß ein einziger Verlag,
Chinderwält in Pfäfflingen, nicht weniger als 134 Mundart-Titel
anbietet; und daß es womöglich nur eine Frage der Zeit ist, bis auch
die Presse sich nach und nach vom Hochdeutschen verabschiedet.

Nun verhält es sich aber mit der Mehrsprachigkeit der Eidgenossen wie mit der russischen Puppe. In jedem Deutschschweizer
steckt ein Lokalpatriot, der auf die Mundart seines Kantons, seiner
Gegend, seiner Stadt, seines Dorfes nie verzichten wird. Bernerisch,
Züri- oder Baseldeutsch unterscheiden sich ganz erheblich voneinander, gar nicht zu reden von den innerschweizerischen und St. Gal-
ler Varianten. Als Schriftsprache hat das Schwyzerdütsch also ein
Standardisierungsproblem.

Der Ausländer kann schon aus diesem Grund alle Hoffnung fahren lassen. Gewiß wird er, ein gutes Ohr vorausgesetzt, eines Tages
echli begreifen, was ein *Chilbi* und ein *Gopf*, ein *Cheib* und ein
Chog ist. Er wird lernen, *d Stütz* von *de Schmier* zu unterscheiden
und sich *amigs* mit einem Schirm ausrüsten, wenn es *chuutet* oder
hudlet. Am Lexikon allein wird er also nicht scheitern. Schweize-
rische Wörterbücher gibt es genug.

Sogar mit ein paar grammatischen Finessen kann er fertigwer-
den, beispielsweise mit der raffinierten Reduplikation: *Ich gang go
lädele* (»Ich gehe gehen einkaufen«) oder *Ich chumm cho blääche*
(»Ich komme komme zahlen«). Aber die Satzmelodie! Aber die

Aussprache! Die Betonung! Das ist *oomächtig*. *Exgusi!* Und wehe dem, der dabei zuviel Eifer an den Tag legt. Das ist der eigentliche *Catch* 22, der *double bind*: die Deutschschweizer mögen es gar nicht, wenn ein Fremder sich allzu *tööple* an ihre Geheimsprache heranmacht. Eigentlich bleiben sie lieber unter sich.

Und sonst? Das Friesische ist eher mit dem Niederländischen und dem Englischen verwandt als mit dem Deutschen, und das niederdeutsche Platt hat zwar eine große Vergangenheit, muß sich aber heute mit der Rolle eines bloßen Dialekts zufriedengeben. Es gibt aber ein viertes Deutsch, das es immerhin zur Schrift-, Schul- und Amtssprache eines souveränen Landes gebracht hat, auch wenn es nur 300 000 Menschen gibt, die es sprechen und schreiben: das Lëtzebuergesch, eine alte moselfränkische Mundart, die durchaus nicht vom Aussterben bedroht ist. Es gibt Radiosender, TV-Stationen und Verlage, die dafür sorgen, daß es nicht nur im Alltag eine gewichtige Rolle spielt. Wie das Schwyzerdütsch tritt die *Mammesprooch* recht selbstbewußt auf, wofür nicht nur die Luxemburgische Nationalhymne spricht:

> Dat ass onst Land, fir dat mer geif
> heinidden alles won,
> ons Hemëschtsland dat mir sou dêif
> an onsen Hierzer dron.

Wat glift? Wer's genauer wissen will, für den gibt es sogar ein Wörterbuch.

Ohne den offiziellen Segen aus Paris muß dagegen im zentralistischen Frankreich das fünfte Deutsch überleben. Die Statistiker sind sich zwar nicht einig, ob es nun 800 000 oder eine Million Menschen sind, die Elsässisch sprechen, aber zwischen Creutzwald und Guebwiller gibt es genügend Leute, die ihre Sprache zäh verteidigen. Natürlich haben sich auch hier die Philologen nicht auf die faule Haut gelegt, sondern, wie Claude Guizard und Jean Späth, Pionierarbeit geleistet.

Ganz andere Wurzeln hat das sechste Deutsch, eine Sprache, die erst ein paar Jahrzehnte alt ist. »Als in den 1960er Jahren türkische [aber auch italienische, spanische, jugoslawische und andere] Arbeitsimmigranten in immer größerer Zahl in die Bundesrepublik« kamen, »entstand das sogenannte ›Gastarbeiterdeutsch‹, ein Pidgin auf deutscher Grundlage. … Pidgins sind solche Sprachformen, die von den betreffenden Sprechern als Zweitsprache verwendet werden, als Medium für den Kontakt mit anderen, für die das Pidgin die einzige gemeinsame Sprache ist. … Ein wesentliches Kriterium bei der Pidginisierung ist der Umstand, daß der Lernprozeß der Fremdsprache unkontrolliert, d. h. ohne schulisch-normative Aufsicht erfolgt. Lernstrategien sind ungesteuert, und die fremde Sprache wird unvollkommen adaptiert.« (Haarmann)

Natürlich streiten sich die Gelehrten darüber, was ein echtes Pidgin und was eine Kreolsprache ist. Was sich beispielsweise auf Haiti und anderen karibischen Inseln entwickelt hat, sind ganz eigenständige und durchaus stabile Sprachen mit originären und originellen Besonderheiten. Dagegen ist das »sechste Deutsch« sehr variantenreich und wandelbar. Je nach der Sprache des Herkunftslandes, nach der regionalen Umgebung und nach den Anforderungen der sozialen Situation ist so ein ganzes Bündel von Sondersprachen wie etwas das »Türksprech« entstanden. Dennoch kann man von einem kleinsten gemeinsamen Nenner sprechen, der sogenannten *basic variety*. Jedenfalls haben sich so neue grammatische Strukturen entwickelt, die bei aller Ausdruckskraft für Komplexitätsreduktion sorgen und, nebenbei bemerkt, auch der deutschen Dichtung interessante Perspektiven eröffnen:

> Amara, du nix gut, du nix gut machen,
> mit dein Fuß du nix gut gehn, Hände nix gut,
> du mich anschauen nix gut, du wegschauen nix gut,
> du mir was sagen nix gut, nix sagen nix gut.
> Du ciao sagen, wenn kommen, nix gut,
> ich nix Kuß kriegen, nix gut,

nix gut was du sagen, du nix gut denken,
du nix gut haben, du nix gut.
Wenn du kommen ich wissen, nix gut,
du da sein, links nix gut, rechts nix gut,
wenn du abhauen, ich nix gut.
Du vorn und hinten nix gut.
Ich nix wissen warum alles nix gut,
aber ich denken an nix wie Amara, Amara gut.

Friedrich Rückert, dem der Mund überging, wenn sein Herz voll
war, hätte sich kaum ergreifender ausdrücken können.

REDEN UND AUSREDEN. Wenn in einem kleinen Buch, das sich
im Untertitel *Ein bißchen Deutsch für Deutsche* nennt, immer wieder Wörter auftauchen, die keinen sonderlich deutschen Eindruck
machen, so hängt das mit einem Ereignis zusammen, das vor langer
Zeit stattgefunden hat, lange bevor es die Deutschen gab. »Es ist
einerley Volck vnd einerley Sprach vnter jnen allen / vnd haben das
angefangen zu thun / sie werden nicht ablassen von allem das sie
furgenomen haben zu thun. Wolauff / lasst vns ernider faren / vnd
jre Sprache da selbs verwirren / das keiner des andern sprache ver-
neme.« So sprach der Herr. (Genesis 11, 6–7)
    Aber war die babylonische Sprachverwirrung wirklich eine
Strafe? War sie nicht eher ein Segen? Wieviel ärmer stünde die
Menschheit da, wäre sie auf ein einziges Idiom angewiesen, eine
Art Volapük oder Esperanto! Statt dessen blühen, gedeihen und
verwelken auf dem Planeten Tausende von Sprachen, und jede von
ihnen verfügt über ihre höchst eigenen Laute, ihre Melodie, ihre
Wörter, ihren Bauplan, über Schönheiten und Launen, die keine andere zu bieten hat.
    Es ist schon wahr: fast überall auf der Welt sind wir taub und
stumm. *Barbaroi*, »Stammler« nannten die Griechen alle, die nicht
Griechisch sprachen, und die Deutschen heißen auf russisch *némcy*,
ein Wort, das sich von *nemét'*, »verstummen« ableitet. *Ich nix*

Deutsch verstehn. Ana ma fahimt shê. Sorry, I don't know French.
Non capisco. Olkaa hyvä, puhukaa hitaammin! Bitte sprechen Sie
langsamer!
Ja, da wirft mancher gleich das Handtuch. Aber warum tun wir
uns so schwer damit, eine fremde Sprache zu lernen? *Monoglossie –*
das hört sich doch geradezu medizinisch an, wie der Ausdruck für
ein Leiden oder eine Behinderung; und dennoch gilt Einsprachig-
keit als eine normale und durchaus gesellschaftsfähige Erscheinung.
Sind wir denn soviel dümmer als ein x-beliebiger Fünfjähriger, der
auf dem Spielplatz im Nu und ohne sich besonders anzustrengen
Spanisch oder Chinesisch oder Isländisch lernt? Und was ist mit
dem afrikanischen Medizinmann, Hausierer, Automechaniker, der
womöglich nicht lesen und schreiben kann, aber mindestens vier
bis sechs Sprachen beherrscht, ganz ohne ein Wörterbuch oder eine
Grammatik zu Rate zu ziehen? Neben seiner Muttersprache hat
er vermutlich die Kolonialsprache gelernt, die nach wie vor in den
Büros und auf den Ämtern seines Landes gebraucht wird. Aber damit nicht genug; denn es gibt Gegenden, in denen, kaum hat man
ein paar Dörfer passiert, jedesmal ein anderes, oft radikal verschie-
denes Idiom gilt. Über 600 Bantusprachen hat Professor van Bulck
einst gezählt. (Wie er das angestellt hat, weiß der Himmel.) In ganz
Schwarzafrika soll es etwa 1400 bis 1500 verschiedene Sprachen
geben, mit Tausenden von Dialekten, die noch kein Forscher ein-
wandfrei klassifiziert hat.

Da fragt sich, woran es liegen mag, daß so viele Amerikaner und
Europäer sich anstellen, als wäre es eine übermenschliche Anstren-
gung, auch nur die Sprachen ihrer nächsten Nachbarn zu erlernen.
Die sind in aller Regel semantisch und strukturell so nah mit ihrer
eigenen verwandt, daß niemand behaupten kann, die Ähnlichkeiten
wären ihm nicht weiter aufgefallen.

»Ich bin eben nicht so sprachbegabt.« Für diese sonderbare Ab-
wehrhaltung ließen sich vielleicht drei Gründe nennen. Zum einen
fehlt den Monoglotten ein durchschlagendes Motiv. Der afrikani-

sche Händler würde verhungern, wenn er nur seine eigene Sprache verstünde; das kleine Kind würde von seinen Altersgenossen gemieden, wenn es sich nicht mit ihnen unterhalten könnte. Solche Sanktionen muß niemand befürchten, der glaubt, er käme mit ein paar Brocken Pidgin-Englisch aus.

Zweitens verstehen die Sprach-Insulaner nicht, daß jeder, der etwas lernen möchte, darauf angewiesen ist, Fehler zu machen. Ihre Eitelkeit, ihre Angst, sich zu blamieren, stopft ihnen den Mund.

Und drittens, fürchte ich, sind es die professionellen Helfer, die dafür sorgen, daß vielen der Mut sinkt, kaum daß sie angefangen haben, die ersten paar Sätze zu bilden. Es ist der Schematismus der Schulgrammatik, es ist die Routine der Lehrer, es ist nach wie vor die sture Paukerei, was einem die Lust austreibt, wie ein Fünfjähriger auf eigene Faust auszuprobieren, was in einer anderen Sprache geht und was nicht. Noch frustrierender sind die »Sprachführer«, die man dem arglosen Touristen in die Hand drückt. Sie muten ihm zu, »praktische Redewendungen« wie die folgenden auswendig zu lernen: »Können Sie diese Prothese reparieren?« – »Ist das Mittagessen im Preis inbegriffen?« – »Können Sie mich zur Dauerwelle vormerken?« Wer außer solchen Phrasen keinen einzigen Satz bilden kann, der wird natürlich wie ein Idiot dastehen, wenn ihm eine Antwort zuteil wird, von der er nicht das geringste versteht. Das berühmteste aller absurden Theaterstücke, Ionescos *Kahle Sängerin*, lebt von der Blödheit einer solchen Sprachdidaktik.

Soweit ich sehe, sind die beiden Herren Horst G. Klein und Tilbert D. Stegmann bisher die einzigen, die kapiert haben, daß es auch ganz anders geht. »Der konventionelle Sprachunterricht vermittelt dem Lerner den demotivierenden Eindruck, er beginne die Sprache bei Null und stehe als völliger Nichtwisser da.« Demgegenüber bieten sie »den Lernern in der Anfangsphase nur das an, was leicht ist, genauer gesagt: nur das, was sie schon wissen – allerdings nicht wußten, daß sie es wissen.« In ihrem Buch *Die sieben Siebe*, das auf verblüffend einfache Weise den Weg zu fünf romanischen Sprachen eröffnet, greifen sie zu allen möglichen Tricks, um die Vorkenntnisse, die Intelligenz und das Assoziationsvermögen des Lesers für diese Aufgabe zu mobilisieren. »Bei den üblichen Sprachkursen«, sagen sie, »geht es immer nur um ›richtig‹ oder ›falsch‹; jeder Fehler wird als wertlos gebrandmarkt und sofort korrigiert; hier dagegen geht es darum, das Richtige aus dem, was man bereits kennt, zu erraten und zu erschließen.«

Ein Pfingstwunder wird uns wohl auch mit dieser Methode nicht beschieden sein; aber ein gewisses Maß an Zungenreden ist uns gegeben. Das hat nicht nur praktische Vorteile; jedes neue Idiom beschert uns auch neue Gedanken, neue Gesten und neue Gefühle – und frischere, unbefangenere, tiefere Einblicke in die Möglichkeiten und Abgründe unserer eigenen Sprache.

OBEN UND UNTEN. »Die Sprache ist das einzige Medium, in dem die Demokratie schon immer geherrscht hat.« Klingt gut, aber habe ich mit diesem Satz nicht den Mund zu voll genommen? Stimmt das überhaupt? Sind die Afrikaner denn freiwillig auf die Idee gekommen, Englisch, Französisch, Spanisch und Portugiesisch zu sprechen? Ist die herrschende Norm nicht die Norm der Herrschenden? Und gilt das nicht für jede Sprachgemeinschaft, auch ohne Kolonialkriege und Invasionen?

Gerade die englische Gesellschaft liefert dafür die schönsten Beweise. Kaum macht dort einer den Mund auf, wird er, anhand von Akzent und Wortwahl, sofort im wahrsten Sinne des Wortes klassifiziert. Nicht nur verrät er mit dem ersten Satz seine soziale Herkunft; das geübte Ohr kann sogar feststellen, an welcher Universität der Sprecher studiert hat. Das erinnert an das Kastensystem der Hindus; nie würde ein Brahmane reden wie ein Schudra.

1956 ist in London ein kleines Buch von Nancy Mitford, A. S. C. Ross, Evelyn Waugh und John Betjeman erschienen: *Noblesse Oblige*, eine snobistische Fingerübung, die sofort zum Bestseller wurde. Es war der erste Versuch, den Sprachgebrauch der *upper class (U)* von dem der gemeinen Plebs *(non-U)* zu unterscheiden und das englische Vokabular nach der Klassenzugehörigkeit zu kodifizieren. Der Witz und die Selbstironie einer solchen Übung konnte nicht darüber hinwegtäuschen, daß es hier durchaus um eine Frage von Status und Sozialprestige ging. Der Kult solcher Distinktionen hat sich auch fünfzig Jahre später noch nicht überlebt, obgleich es heute eher zum guten Ton gehört, das *Queen's English* mit einer kleinen Prise plebejischer Elemente aufzumischen.

Oben und unten, diesen ewigen Unterschied zelebrieren nicht nur die Engländer. Er gehört zum Repertoire aller natürlichen Sprachen. Es gibt auch dafür natürlich ein passendes, neutrales Fremdwort; man spricht von *Soziolekten*. Das Schibboleth der Bibel bietet dafür ein lehrreiches Exempel; die Heilige Schrift zeigt zugleich, wie gefährlich die Fallen sind, welche die herrschende soziale Norm Einwanderern, Emigranten und anderen Außenseitern stellt.

So gesehen, zerfällt jede Sprachgemeinschaft in zahlreiche Clans, von denen jeder seine eigenen Regeln befolgt. Der Arzt, der statt Vorbeugung *Prophylaxe*, statt Entfernung der Leber *Hepatektomie* sagt, verteidigt sein Herrschaftswissen, genau wie jeder andere, der über privilegierte Fachkenntnisse verfügt. Die Sprache der Juristen, der Techniker, der Bürokraten, der Naturwissenschaftler grenzt sich ab gegen die der bloßen Laien. Mit einer Beharrlichkeit, die einer besseren Sache würdig wäre, nennt die Post seit Menschengedenken ihre Briefmarken *Postwertzeichen*, und die Raumplanungsbehörde erklärt die schlichteste Liegewiese zu einem *Naherholungsgebiet* – Bezeichnungen, die keinem normalen Menschen je über die Lippen gekommen sind.

Schüler und Studenten haben ein anderes Problem. Sie sehen sich gezwungen, fortwährend neue Ausdrücke zu erfinden, um ihren Eltern, aber auch konkurrierenden Cliquen etwas Eigenes entgegenzusetzen – eine nie versiegende Quelle der Produktivität. Slang und Jargon dringen so, gewissermaßen »von unten«, in den Sprachschatz der Reklame, der Mode und der Medien ein. Auch den besten Einfällen ist jedoch meist nur eine geringe Halbwertzeit beschieden. Die Wörterbücher taumeln dann vergeblich hinter dem Erfindungsreichtum der Szene(n) her.

Man kann jedoch auch feierlich, geschraubt, gesucht, preziös und maniert daherreden und schreiben. Solche Unterschiede versuchen die Lexikographen durch Markierungen unter den Oberbegriffen *Stil* oder *Sprachebene* zu fassen. Dafür gibt es die üblichen Abkürzungen in den Wörterbüchern:

bildungsspr. ugs. geh. poet. obs. (oder einfach †, das soll heißen: veraltet, ausgestorben, fort mit Schaden!), *vulg.* und *obsz.* Ein simples, aber einleuchtendes Beispiel für solche Unterschiede bietet, in absteigender Linie, das, was einst, zu Großmutters Zeiten, das *stille Örtchen* hieß, nämlich *die Toilette, das Bad, Damen/Herren, Frauen/Männer, WC, 00, Klo, Klosett, Lokus, Abort, Abtritt, Pissoir, Latrine, Kloake, Scheißhaus.*

(Wer sich übrigens über die vielen Beispiele ärgert, die ich hier ausbreite, der hält, fürchte ich, das falsche Buch in der Hand; sie sind nämlich das Amüsanteste daran, weil »der Sprache« allemal mehr einfällt als jedem beliebigen Autor.)

GLEICH UND UNGLEICH. Es gibt zwar Synonymwörterbücher, aber gibt es Synonyme überhaupt, das heißt, vollkommen gleichbedeutende Wörter? Daran sind Zweifel nicht nur erlaubt, sondern geboten. Natürlich haben sich die Sprachphilosophen, wo es um ein so vielversprechendes Problem geht, nicht lumpen lassen: »Zwei Ausdrücke A_1 und A_2 in gleicher syntaktischer Position«, heißt es da, »sind dann und nur dann synonym, wenn gilt: A_1 impliziert A_2 und A_2 impliziert A_1.« (Bußmann) Wunderbar, aber wann ist das der Fall? Ein *Fahrschein* und ein *Billett*, ein *Ticket* und eine *Fahrkarte* – das ist nur scheinbar ein und dasselbe, ganz zu schweigen vom *Fahrausweis*, ein Wort, das sämtliche Fuhrunternehmen mit unbegreiflicher Hartnäckigkeit bevorzugen, auf das jedoch ein normaler Mensch nie und nimmer verfiele. Das *Billett* gehört einer versunkenen Epoche an; außerdem kann es sich dabei auch um eine kleine Liebesbotschaft handeln. Die *Fahrkarte*, ein kleines Rechteck aus Pappe, das sich dazu eignet, mit einem hörbaren Geräusch geknipst zu werden, ist ebenfalls längst verschwunden und durch einen Schein im Querformat ersetzt worden, den ein Computer ausspuckt; und das *Ticket* zeigt an, daß die Globalisierung gesiegt hat; im Gegensatz zum Fahrschein kann man mit ihm nicht nur fahren, sondern auch fliegen. Auch die Tage des *Tickets* sind wahrscheinlich gezählt; es wird durch ein immaterielles Phantom ersetzt, das auf den Kunstnamen *etix* hört.

So weit, so gut. Daß sich die Linguisten mit solchen Unterscheidungen nicht begnügt haben, wundert niemanden, der einen Blick in ihre Abhandlungen geworfen hat. Die Stichworte ihrer Diskussionen lauten: *Kontrastprinzip* und *Sprachökonomie*. Soll heißen: 1. Sprachen vermeiden in der Tendenz bedeutungsgleiche Wörter, und 2. Von Wörtern mit gleicher Bedeutung wird im Sprachwandel eines entweder spezialisiert oder gänzlich eliminiert.

Selbstverständlich kann man solche Thesen beliebig verfeinern, so daß ein Ende der Debatte nicht absehbar ist. Wer kein Wissenschaftler ist, der fühlt sich hin- und hergerissen zwischen den schlichten Empfehlungen der Ratgeberliteratur (»Drücke dich so knapp und deutlich wie möglich aus«) und dem Vergnügen an der unerschöpflichen Vielfalt des Wortschatzes, der für jeden, der dafür ein Ohr hat, immer neue Nuancen, Assoziationen und Register bereithält.

Theoretische Fragen, wie sie die Linguistik beschäftigen, sind den meisten Verfassern von Synonymwörterbüchern übrigens ganz fremd. Der berühmteste von ihnen ist Peter Mark Roget. Dieser Engländer wußte fast alles. Er war, unter anderem, Arzt, Schachmeister und Bienen-Experte; er hat einen logarithmischen Rechenschieber erfunden und Pionierarbeit bei der Entwicklung der Filmkamera geleistet. Berühmt wurde er jedoch durch *Roget's Thesau-*

rus of English Words and Phrases, ein Lexikon, das 1852 in London erschienen ist und von dem seither über dreißig Millionen Exemplare verkauft worden sind.

Seinem Vorbild haben auch die Deutschen nachgeeifert, als erster A. Schlessing mit seinem *Deutschen Wortschatz*, einem *Praktischen Hilfs- und Nachschlagewerk in allen Verlegenheiten der schriftlichen und mündlichen Darstellung für Gebildete aller Stände und Ausländer, welche einer correcten Wiedergabe ihrer Gedanken in deutscher Sprache sich befleißigen* (Stuttgart 1881, bis heute fortgeführt von Hugo Wehrle und Hans Eggers). Später trat dann Franz Dornseiff mit seinem *Deutschen Wortschatz nach Sachgruppen* von 1933 auf den Plan. Da diese Werke nicht alphabetisch vorgehen, mußten sich ihre Verfasser, wie Roget, mit einer Klassifikation der Welt herumschlagen, der sie kaum gewachsen waren: »A. Begriffliche Beziehungen, B. Raum, C. Stoff, D. Geistesleben, E. Gebiet des Wollens, F. Gefühlsleben« – so geht es bei Ehrle und Eggert zu, was unvermeidlich zu der Schwierigkeit führt, daß das Wort *Stoff* in allen sechs Abteilungen auftaucht! Das naive Begriffsgerüst bricht unter der Last des Vokabulars zusammen wie ein Hochhaus aus Zündhölzchen. Dazu kommt fatalerweise, daß das ganze Lexikon sich damit begnügt, Hunderttausende von Wörtern aufzuzählen, ohne den geringsten Hinweis darauf, was sie eigentlich bedeuten und in welchem Kontext sie sinnvollerweise zu gebrauchen wären.

Da hatten die Herren Johann August Eberhard, Johann Ehrenreich Maaß und J. G. Gruber ihre Ziele schon erheblich höher gesteckt mit ihrem sechsbändigen *Versuch einer allgemeinen teutschen Synonymik in einem kritisch-philosophischen Wörterbuch der sinnverwandten Wörter der hochteutschen Mundart* (Halle 1826–1830). Mit großem Scharfsinn und mit rührender Pedanterie erklären sie uns den Unterschied zwischen *Mißbilligen*, *Tadeln* und *Verwerfen*, oder zwischen *Antreffen*, *Finden* und *Worauf stoßen*:

»*Ueb[ereinstimmung]*. Werden gesagt, sofern wir Etwas gewahr werden, was uns unbekannt oder verborgen war. *V[erschiedenheit]*.

Finden und *Antreffen* werden mit Bezug auf ein Ding gesagt, sowohl wenn wir es gesucht, als wenn wir es nicht gesucht haben. – Wenn wir einen Bekannten suchen, mit dem wir zu sprechen haben; so kann es seyn, daß wir ihn endlich in einem Wirthshause *finden* und *antreffen*. Es kann auch seyn, daß wir einen Unbekannten bei ihm *antreffen* und *finden*, den wir nicht suchten. Die Verschiedenheit beider Ausdrücke liegt in Folgendem. Daß wir *an* oder *auf* etwas *treffen*, läßt sich nur sagen, wenn es als etwas außer uns Befindliches, und dann überhaupt, als etwas bereits Vorhandenes gedacht wird. *Finden* sagt man auch im entgegen stehenden Falle. Allgemeine Wahrheiten können daher nur *gefunden*, aber nicht *angetroffen* werden. *Leibnitz* hat durch seine Rechnung des Unendlichen viele wichtige Wahrheiten, z.B. eine neue Art, den Kreis zu berechnen, *gefunden*; aber er hat diese Berechnungsart nicht *angetroffen*. [...] *Worauf stoßen* unterscheidet sich durch einen andern Nebenbegriff; denn es bedeutet: Etwas ganz unvermuthet finden, was man gar nicht, oder wenigstens nicht da suchte, wo man es findet. [...] Von *Leibnitz* hingegen läßt sich nicht sagen: er *stieß auf* seine Kreisrechnung; denn er suchte sie, und zwar da, wo er sie *fand*.«

Und so weiter. Umständlich, aber treffend! Erstaunlich, auf was man alles, worauf man und woran man sich *stößt*, wenn es um die Frage geht, ob es Synonyme gibt oder nicht.

HÖFLICHKEITEN. Jede Sprache regelt mehr oder weniger genau, wie einer den andern anredet, ihn begrüßt und sich von ihm verabschiedet. Weil es ziemlich lästig wäre, wenn man sich über diese Frage jedesmal den Kopf zerbrechen müßte, wenn man einander begegnet oder wenn man einen Brief schreiben will, verfügen auch wir über einen Vorrat von festen Formen und Formeln, die den Verkehr regeln. Wie alles, was sich scheinbar von selbst versteht, haben solche Regelsysteme aber ihre Sonderbarkeiten und ihre Tücken.

Es ist erst zwei Jahrhunderte her, da gab es im Deutschen noch eine beträchtliche Auswahl an Anredeformen. Man hat einander nicht nur geduzt oder gesiezt, sondern auch geerzt und geihrzt: *Hast du gut geschlafen, mein Engel?* (2. Person Singular); *Haben Sie gut geschlafen, mein Herr?* (3. Person Plural); *Hat Er gut geschlafen, Anton?* (3. Person Singular); *Habt Ihr gut geschlafen, Herr Wirt?* (2. Person Plural) und *Haben Majestät gut geschlafen?* (3. Person Plural). In die Verlegenheit, Seine Majestät anzureden, kamen zwar nur die wenigsten, aber die Vorschriften für einen solchen Fall waren klar: »Die Unterschrift im Briefe lautet nur bei Sr. Majestät dem Kaiser, den Königen, dem Prinzregenten von Braunschweig und den preußischen Prinzen ›allerunterthänigst‹, selbstverständlich mit dem Hinzusatz Euer Kaiserlichen Majestät etc. Sonst ist man ›unterthänigst‹«, erfuhr der Ratsuchende in (Wolf) Graf und (Eva) Gräfin v. Baudissins *Eine Hauskunde für Jedermann* (Berlin und Stuttgart ca. 1902).

Selbstverständlich war der Gebrauch all dieser Anredeformen durchaus asymmetrisch. Oben und unten waren klar markiert. Bis tief ins 20. Jahrhundert gab es noch Familien, in denen die Eltern ihre Kinder duzten, nicht aber umgekehrt.

Ein besonderes Biotop ist in Deutschland lange Zeit das Militär geblieben. Alexander Kluge hat seine Formenwelt in seinem Buch *Schlachtbeschreibung* dargestellt, und es lohnt sich, zur Erinnerung eine Seite daraus zu zitieren:

Schriftliche Grußformeln: Sagt der Oberbefehlshaber Lieber Schmidt, so muß General Schmidt Hochzuverehrender Herr Feldmarschall bzw. Generaloberst antworten. Der Oberbefehlshaber darf sagen Schönen Gruß; das darf der Untergebene General nicht sagen, er sagt Gehorsamster Gruß. Schlüsse von Unteren zu Übergeordneten: Ihr, Herr GFM, gehorsamer B.; in alter Verehrung Herrn Generaloberst stets getreuer oder: In Verehrung und Dankbarkeit Herrn Generaloberst stets gehorsamster; wenn nähere persönliche Beziehungen bestehen: Ich bleibe Herrn General stets dankbarer und ergebener. Unter gleichen schreibt man sich mit Lieber an.
Vom Übergeordneten zum Untergeordneten: In Treue Ihr oder, um persön-

liche Beziehungen anzudeuten: In Treue Ihr alter oder: Ihr alter, gelegentlich: Stets Ihr. Dies beseitigt allerdings bereits den nötigen Abstand. Beste Grüße ist ungewöhnlich.

Faux pas: Viele Grüße und Heil Hi. Richtig: Ihr Ihnen aufrichtig und gehorsamst [oder dankbar] ergebener oder kürzer: Ihr Ihnen aufrichtig gehorsamster.

In vielen europäischen Sprachen haben sich Reste feudaler Sitten erhalten. Das italienische *Lei* bezieht sich auf *la Vostra Signoria*, »Eure Herrlichkeit«. (Mussolini hat vergeblich versucht, es durch ein klassenloses *voi* zu ersetzen.) Im Spanischen sagt man *Usted*, und wie die Abkürzung *Vd.* verrät, ist *la Vuestra Merced*, »Euer Gnaden« gemeint. In Portugal kann man heute noch *Vossa Excelência* hören. Ehepaare aus der französischen Bourgeoisie reden sich mit *vous* an. In Schweden war es bis in die sechziger Jahre hinein üblich, eine Respektsperson in der dritten Person anzureden: *Wünscht der Herr Professor zu frühstücken?* Später kam es zu einer brüsken sozialdemokratischen Wendung, die so weit ging, daß heutzutage sogar der schwedische König nicht nur duzt, sondern auch geduzt werden darf. Die Höflichkeitsform *ni* (in Briefen großgeschrieben) gilt als kalt. Auch in Deutschland gab es in den Sechzigern und Siebzigern solche Tendenzen, die aber nie ganz obsiegen konnten. Die Engländer haben, ungeachtet ihres obsessiven Klassendenkens, ihr *thou* schon vor Jahrhunderten aufgegeben und sich auf ein statusneutrales *you* geeinigt.

In vielen modernen Gesellschaften ist eine Tendenz zur Reduzierung der Unterschiede in der Anredeform zu beobachten. Das ist jedoch nicht überall auf der Welt so. Dutzende von Sprachen treiben einen ungeheuren Aufwand, um von der ersten Silbe an klarzumachen, wer mit wem spricht. Da werden Status-, Kasten-, Verwandtschafts- und Geschlechtsunterschiede penibel ausformuliert. Im Japanischen wird eine höhergestellte Person überhaupt nicht direkt angeredet. Dafür gibt es aber ganz verschiedene Arten sich auszudrücken, je nachdem, wer da spricht und an wen er sich wendet. Diese subtilen Abstufungen führen dazu, daß ein und derselbe Satz eine völlig andere grammatische Form annehmen kann. Jede Nuance von »oben« und »unten« verfügt über einen eigenen Wortschatz. Angeblich soll es sogar eine Grammatik geben, die nur für die Kommunikation mit dem Kaiser reserviert ist.

Der Wunsch, einander schon mit dem ersten Wort, das gewechselt wird, Respekt zu erweisen, kann zu einer Art Selbstüberbietung der Höflichkeiten führen. Im Persischen gibt es ein äußerst hochentwickeltes, ornamentales Formelsystem, das sogenannte *tārof*. Auf die simple Frage »Wie geht es Ihnen?« wird geantwortet: »Ich lebe unter Ihrem Schatten.« Eine Besucherin wird von der Gastgeberin mit den Worten empfangen: »Der Staub unter Ihren Füßen ist meine Wimperntusche«, worauf der Gast erwidert: »Ich bin der Sklave des Nagels Ihres kleinen Fingers.« Und der Gastgeber sagt: »Sie haben Licht für meine Augen gebracht.« Ein Brief kann mit den Worten enden: »Ich bin die Spende für Ihr Wohlbefinden«, oder »Ich bin nur der Staub unter Ihrem Fuß.«

Die Iraner waren schon immer Meister der geblümten Rede. Das folgende »Schreiben der Gemahlin des Kaisers von Persien an Ihro Majestät die Kaiserin Mutter aller Reussen« – es stammt aus Goethes *West-östlichem Divan* – muß man sich auf der Zunge zergehen lassen:

So lange die Elemente dauern aus welchen die Welt besteht möge die erlauchte Frau des Pallasts der Größe, das Schatzkästchen der Perle des Reiches, die Constellation der Gestirne der Herrschaft, die, welche die glänzende Sonne des großen Reiches getragen, den Zirkel des Mittelpunkts der Oberherrschaft, den Palmbaum der Frucht der obersten Gewalt, möge sie immer glücklich seyn und bewahrt von allen Unfällen.

Ein solcher Stil ist nicht jedermanns Sache. Doch auch in Europa sind ausschweifende Höflichkeitsfloskeln noch nicht ganz ausgestorben. Bis in die letzten Jahre der Diktatur war es in Spanien üblich, Briefe an höhergestellte Personen mit rätselhaften Abkürzungen zu endigen: *q.b.s.m.* oder gar *q.b.s.p.* Wer diesen Code entziffern konnte, wußte, daß der Absender bereit war, dem Empfänger die Hände oder sogar die Füße zu küssen. Die Franzosen wiederum halten bis heute hartnäckig an Briefformeln fest, die uns altertümlich anmuten. *Veuillez agréer, Monsieur, l'expression de mes sentiments les plus distingués*, will heißen: »Erlauben Sie bitte, mein Herr, daß ich Ihnen meine vorzüglichsten Empfindungen ausdrücke.« Nicht nur teilt der Absender also dem Empfänger mit, daß er ausgezeichnete Gefühle für ihn hegt; er bittet auch noch um die Erlaubnis, sie auszudrücken! Das hört sich auf deutsch übertrieben an, gilt aber im geschäftlichen Briefverkehr als absolutes Minimum der Höflichkeit.

Die Deutschen haben es noch vor zweihundert Jahren nicht anders gehalten, und sie waren dabei höchst erfinderisch. Da wurde der Empfänger als *Lieber Freund und Bruder, Freundlich lieber X., Hochgeneigter Herr Geheimer Rat, Liebe Gevatterin* angeredet. Noch weit einfallsreicher sind die Formeln, mit denen unsere Vorväter ihre Briefe geendigt haben:

Niemand kann Sie mit mehrerer Verehrung anerkennen als Ihr ergebenster ...
Schenken Sie ferner Ihr Wohlwollen Ihrem stets treu angehörigen ...
Der das Vergnügen hat, mit vorzüglicher Achtung zu sein ganz der Ihre ...
Ich bitte Sie, meine innigsten Grüße anzunehmen, ehe Sie diesen Brief hinlegen.
Ich habe die Ehre zu sein, mein Herr, Alles, wozu Pflicht und Zuneigung mich verbinden.
Erhalten Sie mir Ihre Gefühle, wie Sie auch der meinigen stets versichert sein dürfen.
Nur wenige auf der Welt sind Ihnen aufrichtiger und herzlicher zugetan als Ihr getreuer ...
{ ....
....}

Man sieht: sogar eine E-Mail kann man charmanter endigen als mit *MfG* oder gar mit *Hallöchen*. Nur Mut!

Von dem Reichtum früherer Zeiten ist uns nicht viel geblieben. Selbst die *vorzügliche Hochachtung* ist aus der Mode gekommen, und das knappe *Hochachtungsvoll* klingt inzwischen eher schroff. Andererseits wird mit dem *Ihr* immer großzügiger umgegangen. Unsere Großeltern waren da vorsichtiger. Sie trafen sehr subtile Unterscheidungen, wenn es um ihre Ergebenheit ging. *Ihr Y*: das war ergebener als *Ihr ergebener Y*, und das wiederum drückte einen höheren Grad von Ergebenheit aus als *Ihr sehr ergebener Y*. Gar nicht so einfach! Wer das alles für übertrieben hält, weiß vermutlich nicht, was er selber sagt, beispielsweise *ciao* oder *tschüs*; im einen Fall bezeichnet er sich als Sklave, denn italienisch *ciao* ist nichts anderes als ein verstümmeltes *schiavo*, während der Norddeutsche mit seinem *tschüschen* sich, ohne es zu merken, auf den Lieben Gott beruft, denn *tschüs* kommt von *adies*, und *adies* von *à Dieu* und heißt »Gott befohlen«. Ein schönes Beispiel für den Schrumpfungsprozeß, dem unsere Grußformeln unterliegen.

Im schriftlichen Verkehr heißt es heute überall nur noch: *Mit freundlichen Grüßen*. Mit diesen Worten verabschiedet sich, mit Ausnahme des Finanzamts, das sich jede Höflichkeit erspart, jedermann, vom Geburtshelfer bis zum Leichenbestatter. Allerdings können sich hinter dieser Formulierung sehr gemischte Gefühle verbergen. Wie das folgende Gedicht klarmacht, muß sie durchaus nicht immer freundlich gemeint sein.

Einführung in die Handelskorrespondenz

Mit freundlichen Grüßen
Mit grämlichem Hüsteln
Mit christlichem Frösteln
Mit fiesen Grimassen
Mit geilen Finessen
Mit feistem Gewinsel

Mit schwülem Gefasel
Mit schweißigen Nüstern
Mit heiserem Schmatzen
Mit schleimigem Kitzeln
Mit lüsternen Fratzen
Mit fleischigen Küssen
Mit schäumenden Fisteln
Mit freudigem Geifern
Mit scheußlichen Fotzen
Mit fröhlichem Knirschen
Mit kreischenden Flüchen
Mit freundlichen Grüßen

BESSER LÜGEN. Zu jeder Rede gehört die Ausrede. Täuschen können auch die Tiere, aber die Fähigkeit zu lügen, die ihn auszeichnet, verdankt der Mensch seiner Sprachfähigkeit. »Im Deutschen lügt man, wenn man höflich ist« – das beliebte Zitat grenzt an üble Nachrede. Auch die Engländer kennen *the white lie*, die schonende Unwahrheit. Nicht vom plumpen Schwindeln soll hier die Rede sein, sondern von der ausweichenden Rede, die eine Errungenschaft der Zivilisation ist.

Man nennt diese Kunst der Vermeidung *Euphemismus*. »Wo ist das Bad?« fragt der Gast, wenn ihn die Blase drückt; und auch die Amerikanerin, die sich nach dem *powder room* erkundigt, denkt nicht unbedingt an ihre glänzende Nase. Mit einer *Bedürfnisanstalt* ist in der Regel nicht das Sozialamt gemeint. Natürlich können solche verhüllenden Reden auf eine uralte Tradition zurückblicken. Unsere Großväter sprachen davon, daß jemand *das Zeitliche gesegnet* hat oder *sanft entschlafen* ist – man stirbt eben nicht gern. Das *Bürgerliche Gesetzbuch* redet, wo ein schlichter *one night stand* gemeint ist, heute noch von *außerehelicher Beiwohnung*. Der *Gastarbeiter* ist inzwischen zur verblaßten Figur geworden, nachdem sich herausgestellt hat, daß er nicht daran dachte, wieder zu verschwinden, und das Wort *Raumpflegerin* hört sich

nachgerade ironisch an, seitdem die *Putzfrau* wieder gesellschafts-
fähig geworden ist.

Auch die Politiker suhlen sich immer schamloser in Euphemis-
men, vermutlich in der unbegründeten Hoffnung, daß niemand
ihre Lügen durchschaut. Der Müll wird kurzerhand in *Wertstoff*
umgetauft, der *Entsorgungspark* soll dafür sorgen, daß wir uns
über radioaktive Gefahren keine Sorgen mehr machen, Arbeiter
werden nicht mehr entlassen, sondern *freigesetzt*, Steuererhöhun-
gen heißen neuerdings *Einnahmeverbesserungen*, und Zwangs-
beiträge zu einem System, das keinerlei Reserven aufweist, mutieren zu einer behaglichen *Bürgerversicherung*.

Umgekehrt blüht in den Medien die Kunst, etwas schlechtzu-
reden. Wer es gern griechisch hat, könnte dem Euphemismus sein
Gegenstück, den *Kakophemismus*, an die Seite stellen. Wo andere
behaupten, sie hätten Geld verdient oder Gewinne gemacht, heißt
es dann, sie hätten *abkassiert*, *abgezockt* und *abgesahnt*. Nur wenn
es um die Einkünfte der Journalisten geht, sind solche Ausdrücke
nie zu hören.

UNBRAUCHBARKEIT. Berühmt und berüchtigt sind die kleinen
Zettel und die dicken Handbücher, die einem die Benutzung eines
gerade erst erworbenen technischen Geräts unmöglich machen sollen. Weshalb japanische, aber auch italienische Hersteller dafür
Verfasser bevorzugen, die des Deutschen nicht mächtig sind, wage
ich nicht zu entscheiden. Solche Texte haben immerhin den Charme
des Exotischen. Aber der wahre Grund für ihr Zustandekommen
liegt tiefer: es ist der Fachidiot, der hier obsiegt. Auch deutsche Autoren leisten in dieser Hinsicht Beachtliches. In einem Computer-
Handbuch, das sich, wie die Verfasser treuherzig behaupten, an
Leserinnen und Leser wendet, die zum ersten Mal mit der Maschine
in Kontakt kommen – es »soll Ihnen eine übersichtliche, kompakte
Arbeitshilfe« sein –, in diesem Werk werden einem beispielsweise
unter 14.3.2. die folgenden Ratschläge zuteil:

Über die *CreateShortcut*-Methode der *oShell*-Objektvariablen wird eine Verknüpfung angelegt und eine Referenz auf diese, zu diesem Zeitpunkt noch nicht real existierende, Verknüpfung der Variablen *oVerknuepfung* zugewiesen. [...] Der Verzeichnispfad der Datei – er lautet »*C:\Eigene Dateien\Rechner.lnk*« – wird bereits beim Aufruf der *CreateShortcut*-Methode übergeben. Soll die Verknüpfung auf dem Desktop angezeigt werden, ist es besser, den Verzeichnispfad nicht direkt anzugeben (da er auf jedem PC variieren kann), sondern ihn über die *GetSpecialFolders*-Methode im Skript abzufragen. [...] Für das erste Attribut ist die *TargetPath*-Eigenschaft zuständig, für das zweite Attribut die *IconLocation*-Eigenschaft. [...] Das war alles.

MALEFIZ! Daß die Sprache nicht nur zur Verständigung da ist, weiß jeder, der flucht, schimpft, schwört oder segnet. Auch der aufgeklärteste Mensch ist ein Zauberer. Gerade dadurch, daß er den Aberglauben verdammt, beweist er, daß er auf die Magie der Worte vertraut. Am Anfang war weder die Gebrauchsanweisung noch der herrschaftsfreie Diskurs, sondern der Fluch.

Er »ist eine Redeformel, durch welche man Unheil auf einen anderen oder auf dessen Habe oder auf sich selbst herabwünscht; im letzteren Fall ist er die Beteurung einer Aussage, bei deren Unwahrheit man das Unheil als Strafe erleiden will, und in dieser Form erscheint die Selbstverfluchung oft in alten Religionen, z. B. auch im A. T.« So steht es im *Handwörterbuch des deutschen Aberglaubens*.

Allerdings war es Jahwe selbst, der die ausführlichsten und virtuosesten Flüche über seine mißratenen Geschöpfe niedergehen ließ. Einer seiner längsten Kataloge hebt so an: »Jch wil euch heimsuchen mit schrecken / schwulst vnd fieber / das euch die Angesicht verfallen / vnd der Leib verschmachte. Jr solt vmb sonst ewren Samen seen / vnd ewre Feinde sollen jn fressen.« Und das ist noch lange nicht alles! (Siehe Leviticus 26, 14–39) Es ist vielleicht verständlich, daß die Retourkutsche nicht lange auf sich warten ließ, und so haben sich, der Bibel zufolge, die Menschen das Fluchen angewöhnt, obwohl der HERR es ihnen verboten hat: »Welcher des HERRN Namen lestert / Der sol des todes sterben / die gantze Gemeine sol jn steinigen …« (Leviticus 24, 16) Die stärksten Sanktionen haben nichts gefruchtet.

»Die Denkweise, welcher der Fluch entspringt, ist die *magische Weltanschauung* (s. Magie), welche auf dem Glauben an die *Allmacht* (Übermacht) *des eigenen Willens* beruht. Der Fluchende lebt der Überzeugung, daß das bloße Aussprechen, unter Umständen das bloße Denken des bösen Wunsches das Eintreten des Ereignisses zur Folge hat, mag nun dies Eintreten selbst einer bestimmten Macht wie Gott, dem Teufel oder sonst einem geistigen Wesen, auf das der Wille oder Gedanke des Fluchenden alsdann unwiderstehlichen Einfuß hat, zugeschrieben sein.« So wieder im bereits zitierten *Handwörterbuch*.

Noch in der routiniertesten Beschimpfung lebt dieser Wortzauber fort. Ohne Erregung geht es dabei nicht ab. Schon deshalb ist es keine Kleinigkeit, ein so wildes, aggressives Phänomen wie die Fluch- und Schimpfrede ordentlich zu klassifizieren. Ihrem Ursprung am nächsten steht sicherlich die Blasphemie. Früher galten gotteslästerliche Reden als derart gefährlich, daß man es vorzog, sie euphemistisch zu verhüllen: *Verflixt* statt *verflucht*, *Sackzement* statt *Sakrament*, *Kruzitürken* statt *Kruzifix!* Heute nehmen sich solche Flüche altbacken, ja geradezu harmlos aus: *Himmel, Arsch und Zwirn! Heiliger Bimbam! Meine Güte! Jessas, Marie und Josef!* Es ist natürlich ein schlechtes Zeichen für die Orthodoxie, daß ihnen jede polemische Energie abhanden gekommen ist.

Dagegen haben obszöne Ausdrücke, die es zwar immer gab, die aber lange stark tabuisiert waren, im zwanzigsten Jahrhundert eine glänzende Karriere gemacht. Die Deutschen haben sich in dieser Disziplin weniger ausgezeichnet als andere Völker. Im Jargon des englischen und amerikanischen Militärs kommt kaum ein Satz ohne *fuck* und dessen Varianten aus. Wer im Französischen sagen will, daß ihm etwas egal ist, sagt: *Je m'en fous*, wobei unklar bleibt, was *le foutre*, das Sperma, damit zu hat. Auch wird aus unerfindlichen Gründen ein liebenswertes weibliches Organ dazu mißbraucht, einen Idioten oder eine mißliebige Person zu charakterisieren, wenn es nicht überhaupt als bloßes Füllwort dient: spanisch *coño*, englisch *cunt*, französisch *con*. Ganz zu schweigen von den Russen, die es mit ihrem weit verbreiteten *mat* auf den Inzest mit der Mama abgesehen haben.

Dagegen wird den Deutschen nachgesagt, daß sie eine besondere Vorliebe für skatologische Formeln hätten. Wahr ist zwar, daß die *Scheiße*, der *Arsch* und andere anale Assoziationen bei uns im Alltag eine große Rolle spielen; aber auch die andern lassen es an *shit*, *ass*, *merde* und *stronzo* nicht fehlen.

Eine dritte Kategorie von Schimpfwörtern müßte eigentlich den Tierschützern ein Dorn im Auge sein. Vom *Brüllaffen* bis zum *Neidhammel*, vom *Schweinehund* bis zum *Lustmolch* bleibt kaum eine unschuldige Spezies verschont; *Esel* und *Pinscher*, *Kakerlaken* und *Schmeißfliegen* müssen gleichermaßen zu unpassenden Vergleichen herhalten.

Natürlich sind immer die anderen gemeint. Männer haben ein reiches frauenfeindliches Vokabular entwickelt, in dem für Nuancen und feine Differenzierungen gesorgt ist: *Schlampe, Zimtzicke, Besen, Pißnelke, Dragoner, alte Schachtel, Beißzange, Schnalle, Fregatte, Miststück, Krampfhenne, Luder, Spinatwachtel, Schreckschraube, Bisgurn, Aas, Brunzkachel ...*

{ . . . . }

Die Antwort konnte nicht ausbleiben, und deshalb gibt es auch jede Menge *Windeier, Ekelpakete, Wichser, Bierdimpfl, Schlappschwänze, Erbsenzähler, Warmduscher* und *Dorftrottel*.

{ . . . . }

Schließlich dürfen auch die Menschen von nebenan, Migranten, Ausländer und Minderheiten nicht fehlen. Dabei kann es zu Zuspitzungen kommen, die wundernehmen, wie die Steigerungsform *Saupreiß, japanischer!* In dieser Beziehung hat sich, ebenso wie bei den misogynen Beschimpfungen, in den letzten Jahren allerdings ein zarteres Empfinden eingebürgert, das es verbietet, von *Niggern*, *Spaghettifressern* und *Kameltreibern* zu sprechen. Vielleicht sind auch die Tage der *boches*, der *krauts*, der *moffen*, der *huns* und der *Piefkes* gezählt?

Es ist natürlich schön, daß wir genügend Aufpasser haben, die dafür sorgen, daß wir gegen rassistische und frauenfeindliche Sprüche gefeit sind, auch wenn Zweifel daran erlaubt sind, daß solche Sprachregelungen genügen, um die Menschheit gründlich zu bessern. Die neugewonnene Sensibilität in diesen Dingen versagt jedenfalls, sobald von der politische Klasse die Rede ist. Niemand stößt sich daran, wenn ein Minister öffentlich als *Sesselfurzer* bezeichnet und das gesamte Bundeskabinett als *Scheißregierung* verunglimpft wird. Auch steht die mimosenhafte Empfindlichkeit der politisch Korrekten in einem eigentümlichen Kontrast zu der Tatsache, daß das musikliebende Publikum Ghettokünstler bevorzugt, denen das Wort *motherfucker* als Mantra dient.

Nebenbei bemerkt hat sich im linken Milieu seit langem eine eigene Schimpfkultur entwickelt. Lenin konnte sich bei seinen hemmungslosen Ausfällen gegen Feinde und Genossen auf einen Großmeister der Injurie berufen, der allerdings äußerst phantasievoll fluchen und schimpfen konnte. Im Briefwechsel zwischen Marx und Engels wimmelt es von Trouvaillen der folgenden Art: *Tripperdoktor, alter Kuhschiß, moskowitisches Kuckucksei, deutscher Knote, Bettseicher, Lobarschkriecher* und *kurzes Gedärm*.

Aber was verschlagen alle diese Erfindungen im Vergleich zu der Produktion unseres Großmeisters Johann Fischart, der in seiner *Affentheurlich Naupengeheurlichen Geschichtklitterung* gezeigt hat, was für zahme Epigonen wir sind und bleiben: »Sihe da«, ruft er uns zu, »ihr feine Schnudelbutzen. Ihr Lungkitzlige Backenhalter unnd Wackenader, ihr Entenschnaderige, Langzüngige Krummschnäbel, Schwappelschwäble, die eym eyn Nuß vom Baum schwetzen: ihr Zuckerpapagoi, Hetzenamseler, Hetzenschwetzer, Starn-

störer, Scherenschleiffer, Rorfincken, Kunckelstubische Gänspre-
diger, Schärstubner, Judasjagige Retscher, [...] Bäumaußreisser,
Trotzteuffelsluckstellige Stichdenteuffel unnd Poppenschiser ...«
Und das sollten wir uns, finde ich, gesagt sein lassen.

Dritte Runde

SCHÄTZUNGSWEISE. Die Frage, wie viele Vokabeln ein Mensch braucht, um sich durchs Leben zu schlagen, ist nicht leicht zu beantworten. Um sie zu klären, kommt es zuallererst darauf an, ob die aktive oder die passive Sprachkompetenz gemeint ist. Das ist ein himmelweiter Unterschied. Jeder von uns versteht ja erheblich mehr Wörter als die, die er selber im Munde führt. Manche Experten vertreten die Meinung, daß die meisten Menschen mit einem aktiven Vorrat von 1500 Wörtern auskommen. Das glaube ich kaum. Konrad Adenauer konnte von diesem Köhlerglauben ein Liedchen singen; denn die Journalisten haben ihm hartnäckig nachgesagt, daß er sich mit achthundert Vokabeln begnügt hätte. Das ist natürlich nichts weiter als eine Legende, die sich die Publizisten und die Kabarettisten der fünfziger Jahre ausgedacht haben.

Umgekehrt haben fleißige Philologen herausgefunden, daß Shakespeare über einen aktiven Wortschatz verfügte, der geradezu ausschweifend erscheint. Gut 21 000 Vokabeln haben sie gezählt. Was uns aber vor Bewunderung erstarren läßt: über 2000 davon erscheinen in seinen Stücken und Gedichten zum ersten Mal. Die meisten davon hat er wohl schlicht und einfach erfunden!

Viele Didaktiker, die uns die eigene oder eine fremde Sprache beibringen wollen, fertigen Listen von Wörtern an, die sie für unentbehrlich halten, und versichern ihren Schülern, daß es nur darum gehe, die richtige Auswahl zu treffen; auf den großen Rest könne man einstweilen verzichten. Das ist menschenfreundlich gedacht und entlastet das Gedächtnis, hilft aber wenig bei einer Autopanne, wo es gut wäre zu wissen, wie ein *Keilriemen* oder eine *Zündkerze* auf französisch heißt. Auch bei einem Flirt könnte sich eine reichhaltigere Wortwahl als hilfreich erweisen.

Schließlich gehört zu unserem Wortschatz das Wort *Wortschatz*. Es gibt uns zu verstehen, daß in jeder Sprache ungeahnte Kostbarkeiten schlummern, die es nur auszugraben und zu memorieren gilt. Ob es freilich alles Gold ist, was da glänzt? Fest steht erst einmal, daß es keinen Menschen gibt, dem alle Wörter einer Sprache zu Gebote stehen. Das wäre auch nicht unbedingt segensreich; denn Kommunikation ist nur möglich, wenn der andere versteht, was der eine sagt oder schreibt. Das ist fraglich, wenn jemand sich gespreizt, preziös, im Ärztejargon oder auf Fachchinesisch ausdrückt. Es kommt ganz einfach darauf an, wem man etwas mitteilen will, und worum es sich handelt. Wenn es um den erheblichen Unterschied zwischen *Chlorbutadien* und *Chlorisobutylen* geht, ist eine ausgefeilte Terminologie zweifellos nützlich, auch wenn man sich notfalls mit Hilfe von Strukturformeln verständigen könnte. Hier zeigt sich bereits, daß der Wortschatz, über den einer verfügt, immer auch andere ein- oder ausschließt. Er stiftet oder vereitelt Zugehörigkeiten, setzt Einverständnisse voraus und behütet das Zunftwissen. Ministerialbürokratien, Parlamentsausschüsse, Richter, Staatsanwaltschaften und Advokatur teilen ein Interesse daran, daß die Sphäre des Rechts ein Arkanum bleibt. Unverständlichkeit gehört zum Nimbus des Gesetzes. Auf den Schrecken, den der bloße Anblick eines Briefs dem Laien einflößt, der ihm per *Niederlegung* zugestellt wird, möchte kein Gesetzgeber verzichten. Und wo kämen die Hunderttausende von Rechts- und Steueranwälten hin, wenn jedermann verstünde, worum es geht?

Die Statistiker haben sich natürlich von solchen Zweifeln nicht irritieren lassen. Ihre Neutralität ist über jeden Zweifel erhaben. Sie zählen einfach, welche Wörter wie oft vorkommen, und stellen Listen auf, die das belegen sollen. Neuerdings hat sich herausgestellt, daß mit solchen akademischen Fleißarbeiten sogar Geld zu verdienen ist. Die Suchmaschinen, die uns bei der Recherche im Internet

Hilfe versprechen, arbeiten allesamt mit solchen *Frequenzanalysen*, und gewiefte Werbestrategen haben längst erkannt, daß ein paar Wörter, die ein Surfer eintippt, ihn zur Zielscheibe ihrer Angriffe machen können.

Wir begnügen uns hier mit einer harmloseren Version der Auszählung, wie sie das »Projekt Wortschatz« der Universität Leipzig unternommen hat. Danach sind dies die 25 häufigsten deutschen Wörter:

der, die, und, in, den, von, zu, das, mit, sich, des, auf, für, ist, im, dem, nicht, ein, die, eine, als, auch, es, an, werden

Aber selbst dieser scheinbar so simplen Zählmethode stellt die Sprache eine Reihe von Fallen, in denen die Statistik sich prompt verheddert. Das liegt zum einen an dem Textkorpus, das ihr zugrunde liegt. Sind es Zeitungsberichte, Romane, Gebrauchsanweisungen oder Witze, die hier ausgewertet wurden? Vermutlich handelt es sich ausschließlich um schriftliche, nicht um mündliche Quellen. Unterhaltungen auf der Damentoilette oder am Tresen ergäben sicherlich ganz andere Resultate. Daß das Wort *ich* auf der Liste nur den 79. Platz einnimmt, stimmt schon sehr mißtrauisch.

Zweitens kann der doofe Computer nicht einmal zwischen *glauben* und *Glauben* unterscheiden, geschweige denn zwischen *sein*, *sein* und *Sein*. Das Verb spaltet er in seine einzelnen Formen auf, und deshalb ist er außerstande zu erkennen, daß *ist*, *sind*, *war*, *sein*, *sei* und so weiter Ableitungen desselben Wortes sind.

Trotzdem ist die Auszählung nicht ganz unergiebig. Es zeigt sich zum Beispiel, daß das erste Substantiv sehr spät, nämlich auf Platz 63 auftaucht. Dabei handelt es sich ausgerechnet um das Wort *Prozent* – eine sonderbare Vorliebe! Daß die Gegenwart das Feld beherrscht, überrascht hingegen kaum. Die erste Form des Präteritums, *war*, muß sich mit Rang 48 begnügen.

Immerhin triumphiert in dieser Reihenfolge das sogenannte Zipfsche Frequenzgesetz, das besagt, daß ein Wort um so seltener vorkommt, je länger es ist. Deshalb sind die ersten 24 Vokabeln der Liste alle einsilbig. Nach dieser Regel kann man alle Wörter in Häufigkeitsklassen einteilen. Das *Verkehrswegeplanungsbeschleunigungsgesetz* zum Beispiel gehört der Klasse 23 an, und das heißt, daß man ihm glücklicherweise 2^{23} mal seltener begegnet als dem Wörtchen *ist*.

Das Kriterium der Häufigkeit hilft nicht unbedingt weiter, wenn es um die Frage geht, welche Vokabeln absolut unentbehrlich sind. Ein Ausländer, der das Wort *Mückenstich* nicht kennt, könnte ja sagen: *Kleine Tiere sind im Zimmer. Sie trinken mein Blut. Ich fühle den Schmerz.* Das ist ziemlich umständlich und nicht sehr präzise ausgedrückt, aber wir würden wahrscheinlich verstehen, was er meint. Er gleicht seine mangelnden Deutschkenntnisse durch Umschreibungen und Definitionen aus. Nach diesem Prinzip hat C. K. Ogden sein *Basic English* entwickelt. Diese Kunstsprache kommt mit so wenigen Wörtern aus, daß sie allesamt auf einem Blatt Papier Platz haben. Genauer gesagt, handelt es sich um 850 Vokabeln, darunter sechzehn Verben. Das ist alles! Viel Vergnügen! An die deutsche Sprache hat sich Ogden allerdings nicht herangewagt. Ohne daß sie seine Theorie studiert hätte, ist es jedoch manch einer kroatischen Putzfrau gelungen, auf eigene Faust eine Art *Basic German* oder Pidgin zu erfinden, mit der sie virtuos zu operieren weiß.

ICH WEISS NICHT, WAS SOLL ES BEDEUTEN. Zusammen mit I. A. Richards hat besagter C. K. Ogden anno 1923 ein berühmtes Buch unter dem schönen Titel *The Meaning of Meaning* veröffentlicht. Diese beiden waren nicht die ersten und nicht die letzten, die sich darüber den Kopf zerbrachen, was es bedeutet, wenn wir sagen, daß unsere Wörter etwas bedeuten. Der Philosoph Ludwig Wittgenstein hat sich dabei besonders angestrengt. »Die Bedeutung des Wortes«, sagt er, »ist das, was die Bedeutung des Wortes erklärt. D.h.: willst du den Gebrauch des Wortes ›Bedeutung‹ verstehen, so sieh nach, was man ›Erklärung der Bedeutung‹ nennt.« Alles klar?

Probieren wir es also mit einem ganz schlichten Beispiel! Das Wort *Satz* kommt offenbar von *setzen*, und man sollte vermuten, daß es etwas bezeichnet, das gesetzt wird, gesetzt worden ist oder einfach sitzt. Aber so einfach ist das nicht. Wenn jemand einen *Satz* über einen Zaun macht, so geht das kaum im Sitzen. Wie kann ein *Satz* langsam, löchrig oder verschachtelt sein? Wie kommt es, daß man einen *Satz* spielen, gewinnen oder am Boden der Kaffeetasse finden kann? Warum gibt es einen *Satz* Erz, einen *Satz* Briefmarken, Hasen, Daten und Fische? Was in Himmels Namen mag das Wort *Stehsatz* bedeuten? Sollte man nicht annehmen, daß jemand oder etwas entweder stehen oder sitzen kann, aber nicht beides zugleich? Offenbar scheitert an dieser einen Silbe jede Logik; denn wenn es nach ihr ginge, was wäre dann wohl das Gegenteil von *Einsatz*? Der *Aussatz*! Und wer den *Absatz* an seinem Schuh verlöre, dem wäre mit einem *Aufsatz* geholfen ...

Nein, so geht es nicht. Die Bedeutung eines Wortes kann alle möglichen Mäander bilden, sie kann sich verästeln und verzweigen wie der Lauf eines wilden Flusses, der in ein breites Delta mündet. Und dennoch verstehen wir meist auf Anhieb, was gemeint ist, vorausgesetzt, wir kennen den Kontext. Ist das nicht der Fall, stehen wir vor einem Rätsel. Nur wer sich mit der Hüttentechnik auskennt, wird kapieren, was ein *Satz* Erz ist: die Charge, die in einem Hochofen Platz hat; und nur ein Jäger weiß vermutlich, daß eine Häsin einen *Satz* Hasen werfen kann.

So können sich die Bedeutungen eines Wortes im Lauf der Zeit vermehren wie die Kaninchen. Meistens werden wir mit dieser Vielfalt fertig, ohne nachzudenken. Nur der Computer tut sich schwer damit; um eine einwandfreie Übersetzung liefern zu können, müßte er nämlich mindestens über die Fähigkeiten eines Sechsjährigen verfügen, und davon ist die künstliche Intelligenz bekanntlich weit entfernt. Ein beliebiges Beispiel zeigt, was bei einer elektronischen Übersetzung alles passieren kann:

Der folgende Anführungsstrich faßt das Leben und Buchstaben Rilkes ziemlich gut zusammen.
Rilke proclaimed die Notwendigkeit des Dichters saintly, Wirklichkeit in allen seinen Aspekten anzunehmen und unterdessen begrüßt nur jene Teile der Welt, für die er bestehen könnte und [?] ennobling Beschreibung. Er war über organisierte Religion venomous, dennoch gibt es mehr Jungfrau Marys, Heilige und Engel in seinem arbeiten als in vielen Kathedralen. Und er versteckte sich innerhalb des Dichters, den er schließlich wurde, sichert dort und scared, leer und erfüllt; der angespornte Autor des Duino Elegies, empfindlich, insightful, begabt fast über vergleichen; ein Mann mit vielen gewidmeten und entfernten Freunden, viele außerordentliche zwar häufig fatuous enthusiasms, aber noch ein einsamer unloving heimatloser Junge außerdem, mit Furcht, die Wörter nicht weg wellenartig bewegen konnten, ein Selbst-Self-pity dort, waren selten zu enthaltenen die Wannen genug; dennoch eine Ausdauer in der Verfolgung seiner Ziele, ein Mut, der Schwäche und Sorge überwand und sie in Gedichte ... keine ... in Lyrics bildete, die lieben, gleichwohl rein oder leidenschaftlich oder sacrifical, nie durch itself ... lines, das, Terror, emotionales duplicity sogar erzielt haben könnte nur frailty ist, könnte – eine Ehrlichkeit vollenden, die über Schwäche bitter ist, von der sie seine Stärke nahm.

Im englischen Original liest sich das so:

The following quote summarizes Rilke's life and character quite well.
Rilke proclaimed the poet's saintly need to accept reality in all its aspects, meanwhile welcoming only those parts of the world for which he could compose and [?] ennobling description. He was venomous about organized religion, yet there are more Virgin Marys, Saints and Angels in his work than in many cathedrals. And he hid inside the Poet he eventually became, both secure there and scared, empty and fulfilled; the inspired author of the Duino Elegies, sensitive, insightful, gifted nearly beyond compare; a man with many devoted and distant friends, many extraordinary though frequently fatuous enthusiasms, but still a lonely unloving homeless boy as well, with fears words couldn't wave away, a self-pity there were rarely

buckets enough to contain; yet a persistence in the pursuit of his goals, a courage, that overcame weakness and worry and made them into poems ..., no ..., into lyrics that love, however pure or passionate or sacrificial, could never have achieved by itself ..., lines only frailty, terror, emotional duplicity even, could accomplish – an honesty bitter about weakness from which it took its strength.

ABER WOHER DENN? Früher, als es noch nicht von Strukturalisten wimmelte, stand die Ahnenforschung in höchstem Ansehen. Zwar wollte die Menschheit schon immer wissen, woher es kam, daß sie sich verständigen konnte. Irgendwie und irgendwo mußte das ja angefangen haben, vielleicht bei einer Ursprache. Die Theologen fragten sich, wie der Liebe Gott sich ausgedrückt haben mag. »Im Anfang war das Wort«, heißt es schließlich in der Bibel. Vielleicht hatte alles mit dem Hebräischen begonnen? Aber damit wären wohl die Chinesen nicht so ganz einverstanden. Nein, mit ihrer Suche nach der Ursprache haben sich die Gottesgelehrten eher blamiert.

Wie viele Sprachen gibt es überhaupt? Schon das ist eine Frage, die sich nicht so einfach beantworten läßt. Die besten Schätzungen liegen bei etwa 6500, von denen Hunderte noch völlig unerforscht sind. Ein Wörterbuch und eine halbwegs brauchbare grammatische Beschreibung haben wir bestenfalls von der Hälfte der Sprachen, die der Wissenschaft bekannt sind. Ob sie alle jemals aufgezeichnet und analysiert werden können, ist fraglich; es ist nämlich zu befürchten, daß etwa zwei Drittel von ihnen im Lauf der nächsten Jahrzehnte verschwinden werden, ein kultureller Verlust, von dem wir uns kaum eine Vorstellung machen.

Übrigens haben die Sprachwissenschaftler erst vor zweihundert Jahren damit begonnen, die lebendigen und die toten Sprachen, die sie kannten, auf ihre Ähnlichkeiten hin zu untersuchen. So wurden die Familienverhältnisse nach und nach geklärt, und es entstanden herrlich verzweigte Stammbäume, von denen manche bis auf den heutigen Tag als hieb- und stichfest gelten.

Besonders der ehrwürdige Franz Bopp hat sich um diese Forschung verdient gemacht. Damit, daß die Ähnlichkeiten zwischen dem Lateinischen und dem Italienischen und die zwischen dem Schwedischen und dem Deutschen schon früher aufgefallen waren, gab er sich nicht zufrieden. Er befaßte sich auch mit dem Sanskrit, dem Tocharischen, dem Awestischen und ein paar anderen längst ausgestorbenen Idiomen. Man kann wohl sagen, daß er eine Sprache entdeckt hat, von der bis dahin niemand etwas geahnt hatte, nämlich das *Indogermanische*. Oder müßte es heißen: Er hat sie erschlossen, oder gar erfunden? Leider hat sie seit ein paar tausend Jahren kein Mensch mehr gesprochen, und es gibt auch keinen einzigen Quellentext, der sie überliefert hätte. Daher versieht man die indogermanischen Wörter mit einem Sternchen, zum Zeichen dafür, daß es sich um bloße Rekonstruktionen handelt. (Es bedeutet also hier etwas ganz anderes als dort, wo es zur Kennzeichnung sprachlicher Mißgeburten dient.)

(s)keu- ist eine »Wurzel« mit der Bedeutung »zudecken, einhüllen«; *plēik̑* (mit einem kleinen Häkchen über dem k) soll »(ab)reißen« bedeuten, und *neu* soviel wie »einen Ruck machen« oder »winken«. Eine phantastische Sache!

Bopp und seine Nachfolger wie Schleicher, Pott, Pokorny waren mit ihrer Ahnenforschung unerhört erfolgreich. Ohne ihr scharfsinniges Ratespiel hätten es die Etymologen nie so weit gebracht, daß sie uns erklären können, wo unsere Wörter herstammen und wie ihre Bedeutung sich im Lauf der Zeit gewandelt hat. Meistens, aber nicht jedesmal; denn auch in dieser Beziehung läßt sich die Sprache nicht immer in die Karten blicken. Dann heißt es: »Herkunft ungewiß«, oder: »Eine angenommene Verwandtschaft mit xy ist wenig wahrscheinlich.« Vergleicht man die vierundzwanzig Auflagen von Friedrich Kluges *Etymologischem Wörterbuch der deutschen Sprache* miteinander, so wird man feststellen, daß sich die Gelehrten durchaus nicht immer einig sind. Ihr Streit wird gewöhnlich in höflicher Form, aber mit harten Bandagen ausgetragen. Vorsicht ist also geboten, besonders dann, wenn sich ein Dilettant wie Heidegger mit Hilfe der Etymologie tiefsinnige Gedanken darüber macht, was uns denken heißt.

FOSSILIEN UND READYMADES. An Rätseln und Mißverständnissen fehlt es übrigens auch in der alltäglichen Rede nicht. Dazu gehören die sogenannten *Volksetymologien*. Ein paar berühmte Beispiele zeigen, was damit gemeint ist: Die *Hängematte* hat ursprünglich weder mit *hängen* noch mit einer *Matte* etwas zu tun; anscheinend gibt es ein indianisches Wort *(h)amaca*, das die Holländer aus ihren Kolonien mitgebracht, aber mißverstanden haben. Sie deuteten es als *hangmat*, und die Deutschen redeten es ihnen nach. Noch komplizierter ist die Geschichte des *Eichhörnchens*, das ja bekanntlich keineswegs gehörnt daherkommt. Die Experten sind der Ansicht, daß das Wort weder mit *Eiche* noch mit *Horn* verwandt ist. Aber das ist eine lange Geschichte mit vielen indogermanischen *Sternchen.

Anders verhält es sich mit den sogenannten Versteinerungen. Darunter versteht man Redewendungen, deren ursprüngliche Bedeutung in Vergessenheit geraten ist, und die daher, wenn man genau hinhört, reichlich seltsam klingen. Ein simpler Fall ist das Wort *Indianer*, das wir soeben in aller Unschuld verwendet haben, obwohl wir genau wissen, daß Kolumbus irrte, als er glaubte, er sei in Indien an Land gegangen. Ein bißchen undurchsichtiger wird die Sache, wenn jemand seine Uhr *aufzieht*. Warum *aufziehen*, wo er doch höchstens an einem kleinen geriffelten Rädchen, dem Kronenaufzug, dreht? Der Ausdruck erinnert an die gute alte Standuhr, deren Gewichte man, wie *Tristram Shandy's* Vater, in die Höhe ziehen mußte, damit sie nicht stehenblieb. Auch heute noch kann man jemanden *im Stich lassen*, aber das bedeutet nicht, daß man ihn, wie vor Jahrhunderten, den Spießen und Lanzen des Gegners ausliefert. Und wozu dient ein *Steckbrief*? Er heißt nicht so, weil er an die Wand genagelt wird, sondern weil die Polizei hofft, den Gesuchten *einzustecken*, will heißen, zu verhaften. *Alles paletti* – diese Redensart war in den 1970ern in aller Munde. Was das heißen sollte, wußte kein Wörterbuch zu sagen. Ich glaube aber zu wissen, woher der Ausdruck kommt. Ein *paletto* ist im Italienischen ein Pflock. Wenn ein Wanderzirkus in die Stadt kommt, wird er zunächst sein Zelt aufschlagen. Erst wenn das geschehen ist, kann die Vorstellung beginnen. Und was ist eigentlich ein *Ausbund*? Auch so ein Wort, von dem kaum jemand weiß, was er sagt, wenn er es verwendet. Dr. Herbert Maas aber, ein Ausbund von Gelehrsamkeit, ist um Auskunft nicht verlegen: »Die mittelalterlichen Kaufleute«, sagt er, »hatten die Gewohnheit, eine Probe des großen Sackes in einem kleinen Säckchen oben an die Öffnung zu binden, damit der Käufer das ›Ausgebundene‹ prüfen konnte.« Weniger klar ist, wie es zugeht, wenn jemand einem andern *einen Bären aufbindet*. Hier murmelt der alte Hermann Paul in seinem *Deutschen Wörterbuch*: »Dunkel ist der Ursprung der Wendung *einen Bären anbinden* im Sinne von ›Schulden machen‹. Seltener ist es im Sinne von ›aufschneiden‹, ›etwas weis machen‹ (*wer dir wohl den Bären angebunden haben mag* Wi[eland]), welcher wohl daher kommt, daß es etwas fast Unmögliches ist. Dafür auch *einen Bären aufbinden* wohl in Folge einer Vermischung verschiedener Wendungen.« Schwer zu sagen, wer uns da etwas weismacht.

Dennoch führen wir jeden Tag solche unverstandenen, um nicht zu sagen unverständlichen Redewendungen im Mund. Wie oft habe ich behauptet, dies oder jenes *hänge mir zum Hals heraus*, möglicherweise sogar auf diesen Seiten, ohne zu überlegen, was das eigentlich bedeutet. (Daß mir davon übel wird? Daß es mir wie einem erschöpften Hund geht, dem die Zunge aus dem Maul hängt? Oder etwas noch Schlimmeres?) Trotzdem versteht jeder, was gemeint ist. Dieser riesige Vorrat von geronnenen Bildern und vergessenen Vergleichen erspart uns manches, zum Beispiel die Suche nach dem treffenden Ausdruck. Manchmal handelt es sich auch um tote Witze. So haben sich die Leute vor ein paar Jahrhunderten über die

Geistlichen lustig gemacht, indem sie die geflügelten Samen des Löwenzahns, niederdeutsch *Pappenstiel*, fortbliesen, bis nur die kahle Narbe übrigblieb, die sie prompt mit der Tonsur eines Mönchs verglichen – und seitdem heißt es kurioserweise, dies oder jenes sei *keinen Pappenstiel wert*.

Mit Hilfe solcher *Readymades* kann man, wie der folgende Bilderbogen zeigt, ganze Geschichten erzählen.

Körpersprache

Er hatte schon lange ein Auge auf sie geworfen. Eines Tages behauptete er sogar, er habe sein Herz an sie verloren. Darauf schwor er Stein und Bein. Sie wollte natürlich nicht gleich Kopf und Kragen riskieren. Deshalb hat sie ihm erst einmal nur den kleinen Finger gegeben, aber auch das erst, nachdem sie ihn auf Herz und Nieren geprüft hatte. Ob seine Rede Hand und Fuß hatte, wollte sie wissen.

Aber dann hat er einfach den Mund nicht aufgebracht. Als er endlich eine Lippe riskierte, war sie ganz Ohr. Einen Moment lang hätte sie beinahe den Kopf verloren. Weil er glaubte, er könne sie um den Finger wickeln, hat er sie frisch von der Leber weg zur Brust genommen. Dabei stellte sich leider heraus, daß er zwei linke Hände und zu wenig auf den Rippen hatte, und das hat sie in den falschen Hals gekriegt. Die Nerven sind mit ihr durchgegangen, und fast wäre sie aus der Haut gefahren, weil er die Sache derart übers Knie gebrochen hatte. Sie hätte ihm ins Gesicht springen mögen, so sehr fehlte es ihm an Fingerspitzengefühl.

Die Haare standen ihr zu Berge. Und er? Er hatte einfach den falschen Zungenschlag, und auf diesem Ohr war sie eben taub. Verdammt, jetzt habe ich mir den Mund verbrannt, dachte er. Warum habe ich mich ins eigene Fleisch geschnitten? Ich könnte mich in den Hintern beißen! Jetzt zeigt sie mir die kalte Schulter! Er hat Blut und Wasser geschwitzt, weil er allmählich merkte, daß sie es faustdick hinter den Ohren hatte. Sie ließ ihn nämlich am ausgestreckten Arm verhungern und tanzte ihm dauernd auf der Nase herum. Kein Wunder, daß ihm das auf den Magen schlug! Er warf sich in die Brust und schrie aus voller Lunge: Du bist mir in den Rücken gefallen! Einmal hat sie ihm sogar ein Bein gestellt und ihn, geschickt, wie sie war, auf dem falschen Fuß erwischt. Da ist ihm die Spucke weggeblieben, und die Hand ist ihm ausgerutscht. Doch als sie ihm dann auch noch an die Gurgel fuhr, ist ihm die Galle übergelaufen. Er hatte eine derartige Wut im Bauch, daß er ihr das Maul stopfen wollte, und um sie unter dem Daumen zu halten, hat er ihr das Messer an die Kehle gesetzt. Aber da hat sie ihm die Stirn geboten und ist ihm auf den Schwanz getreten.

Naja, sie hatte eben Haare auf den Zähnen, und er stand da und war bis auf die Knochen blamiert.

IMPORT/EXPORT. Multikulti mag nicht der Weisheit letzter Schluß sein; es soll da, wie man hört, nicht immer ganz konfliktfrei zugehen. Aber es gibt auch Grenzen, die immer sperrangelweit offen standen, an denen kein Paß verlangt und kein Zoll erhoben wurde. Sprachgrenzen sind immer durchlässig. Geflügelte Wörter gleichen den Zugvögeln; sie können große Distanzen überwinden.

Ein paar Beispiele gefällig? Daß *Zigarre* und *Tomate* eine lange Reise hinter sich haben, ist kein Wunder. Es sind Wörter aus der Sprache der Maya (*zicar*) und aus dem Aztekischen (*tomatl*). Der *Kummerbund*, der den Abendanzug ziert, hat nichts mit Liebeskummer zu; wie *Shampoo* und *Pyjama* verdanken wir ihn der Hindi-Sprache. Den *Dolmetsch(er)* sollen dagegen die Türken erfunden haben; wenigstens scheint uns deren Vokabel *tilmaç* über ungarisch *tolmács* oder russisch *tolmáč* aus der Verlegenheit befreit zu haben, wie wir uns mit einem Türken verständigen sollen, wenn dieser kein Deutsch versteht und wir kein Türkisch. Wir ziehen einen Spezialisten zu Rate, und auch der muß einen Namen haben. Da trifft es sich gut, daß seine Berufsbezeichnung offenbar aus Kleinasien stammt.

Weit hergeholt haben wir auch die *Tasse*, den *Kiosk*, die *Gitarre*, den *Spinat* und die *Orange*, alles Wörter, die auf persische Ahnen verweisen können. Überwältigend ist die Zahl der Entlehnungen aus dem Arabischen. Wir würden uns schwertun, müßten wir ohne *Zucker*, ohne *Matratze*, ohne *Ziffern* und ohne *Kaffee* auskommen. Die Liste ist aber viel, viel länger. Schon unter dem ersten

Buchstaben des Alphabets finden wir zahlreiche arabische Wörter: *Alaun, Alchemie, Aldehyd, Algebra, Algorithmus, Alhambra, Alkali, Alkohol, Alkoven, Almanach* ... Durch den Islam und durch die Migrationsströme wandern heute immer mehr arabische Vokabeln bei uns ein, so daß jeder von uns, ohne daß er es darauf abgesehen hätte, einen ziemlich großen Wortschatz aus dieser Weltgegend angehäuft hat:

Maghreb, Salam, Wadi, Tschador, Ajatollah, Muezzin, Kalif, Sunna, Schia, Hadschi, Mufti, Umma, Sufi, Madrasa, Mudschahed, Scharia, Fatwa, Sure, Al-Quaida, Burnus, Amal, Al-Aksa, Burka, Emir, Intifada, Souk, Fatah, Dschihad, Hamas ...
{ . . . .
. . . . }

Näher steht dem Deutschen allerdings das Jiddische, von dem es heißt, daß es wesentliche Merkmale mit den spätmittel- und frühneuhochdeutschen Mundarten teilt. Von dieser alten Nachbarschaft ist uns allerdings nur ein kümmerlicher Rest geblieben, der noch dazu eine verräterische Schlagseite aufweist. Es sind nicht die nobleren Vokabeln, die das moderne Deutsch übernommen hat: *Pleite, Schlamassel, Schacher, Stuß, Schmu, Schmonzes, Schmock, Chuzpe, schummeln, schachern, mauscheln* und *malochen*: das hört sich doch einigermaßen *meschugge*, wenn nicht gar *beschickert, mies* und *schofel* an. Wohl kann einem bei diesem Grenzverkehr nicht werden.

Im übrigen hat sich das Deutsche eher beim Import als beim Export von Wörtern hervorgetan. Nur die Skandinavier haben seit vielen Jahrhunderten kräftig bei uns zugegriffen und Hunderte, wenn nicht Tausende von Anleihen beim Deutschen gemacht. Selbst die eigensinnigen Finnen nennen ihre Markthalle *kauppahalli* und tanzen *wienervalssi*. Die angelsächsische Welt hat sich mit wenigen Entlehnungen begnügt, die ein sonderbares Licht auf das Bild werfen, das sie sich von uns macht. Im besten Fall sind wir mit dem *Kin-*

dergarten vertreten, ansonsten aber nimmt man uns nur die *Götter-dämmerung*, den *Blitzkrieg*, die *Angst*, den *Weltschmerz* und die *Schadenfreude* ab.

A LA MODE. Heute schimpft jeder aufs Englische. Das ist kein Wunder, wenn man an den tölpelhaften Jargon denkt, mit dem uns *Global Operations Division Vice Presidents, Art Directors, Human Resources Manager* und andere kolonisierte Affen anöden. Telekom und Bahn übertreffen einander in streberhaften und angeberischen Versuchen, sich wichtig zu machen mit armseligen Sprechblasen, die es nicht weiterbringen als zu einer Art Pidgin, das mit dem Englischen, wie es in Großbritannien und den Vereinigten Staaten gesprochen wird, nur entfernte Ähnlichkeit hat. Die Tatsache, daß die meisten Kunden mit diesem Geschwätz nichts anfangen können, ist ihnen offensichtlich egal. Auch die Bundesministerin für Bildung und Forschung, Frau Edelgard Bulmahn, die Erfinderin der *Exzellenz-Clusters*, gibt ungeniert die Parole *Brain up!* aus, wohl in der Hoffnung, daß ihr dadurch ein intellektuelles *upgrade* zuteil wird. Solchen Leuten ist natürlich auch die deutsche Grammatik fremd; statt *sich an sie zu erinnern, erinnern sie* lieber *einmal mehr* irgendwelche Anglizismen und statt *auf*, drücken sie sich *in* deutsch aus.

Unsere Aufregung hält sich in Grenzen. Es soll gegenwärtig etwa hundert Millionen Menschen geben, die Deutsch sprechen. Nur eine winzige Minderheit bedient sich der Deppensprache, die sich irrtümlich für Englisch hält. Überfremdungsängste sind daher nicht angebracht.

Das ganze Theater wegen der sogenannten Fremdwörter hängt mir sowieso schon lange zum Hals heraus. Was heißt das eigentlich: *Fremdwort*? Gab es etwas Derartiges überhaupt, bevor Johann Paul Friedrich Richter, genannt Jean Paul, anno 1819 diesen schönen Ausdruck erfunden hat? Fest steht, daß das Deutsche, wie die meisten Sprachen, über einen großen Magen verfügt. Was es sich in seiner langen Geschichte alles einverleibt hat, geht sozusagen auf keine Bärenhaut. Die Germanen kannten keine Fenster und tranken keinen Wein. Als die Römer ihnen diese zivilisatorischen Errungenschaften beibrachten, brauchten die Eingeborenen ein paar neue Wörter, und sie bedienten sich beim Lateinischen. So wurde aus *vinum* zuerst *vīn* und dann *Wein*, und aus *finestra* das *Fenster*. Noch listiger gingen unsere Vorfahren vor, indem sie das, was ihnen fehlte, zum Beispiel das *Gewissen*, aus dem Lateinischen übersetzten; als Vorlage diente in diesem Fall die *conscientia*. Man spricht in solchen Fällen von Lehnwörtern oder Lehnübersetzungen. Leute, die keine Fremdwörter mögen, bestehen auf dieser Unterscheidung, obwohl es keineswegs immer klar ist, wo das eine aufhört und das andere beginnt. Denn wie lange bleibt ein Fremdwort fremd? Hört man es dem *Film* an, daß er nicht auf deutschem Mist gewachsen ist? Klingt *Sport* weniger deutsch als *Mord*? Und was ist mit dem *Friseur*, den es im Französischen gar nicht gibt, oder mit dem *Handy*, von dem kein Amerikaner und kein Brite je gehört hat? Ist *temperamentvoll* ein Fremdwort wie *Isogeotherme* und *Phagozytose*? Fest steht nur, daß das Deutsche durch seine Fähigkeit, Lehn- und Fremdwörter aufzunehmen und zu assimilieren, an Geschmeidigkeit und Ausdruckskraft enorm gewonnen hat. Das Fremde wird auf die Dauer entweder problemlos verdaut oder (wo es, wie bei den kolonisierten Affen, abstoßend ist) abgestoßen. Auf die *Balance* kommt es an, ein Wort, das wir übrigens den Franzosen verdanken.

So wie heute das Englische war nämlich im 18. Jahrhundert das Französische die führende Fremdsprache, und auch damals gab es Leute, die verzweifelt versuchten, hinter der Metropole herzuhecheln. National gesinnte Schriftsteller und Sprachreiniger waren empört. Doch bald zeigte sich, daß die Wichtigtuer nicht die Oberhand behielten. Die Franzosen-Mode starb eines natürlichen Todes. Übrig blieb ein enormer Reichtum an Begriffen, die der deutschen Zivilisation zugute kamen. Hier folgt, zur Erinnerung, eine kleine Auswahl:

chef-d'œuvre, métier, sentiment, patience, cliché, toilette, aperçu, service, ouverture, gourmet, armée, carrosserie, sommelier, flacon, chalet, officier, prestige, bureau, allée, camouflage, mayonnaise, rococo, praline, grandeur, bon mot, roman, journal, menu, diplomate, bidet, régime, milieu, expertise, guillotine, garantie, machine, dessous, galerie, liqueur, bassin, restaurant, artillerie, collier, génie, embonpoint, salon, malaise, conférance, coup d'état, métro, dossier, manchette, collaboration, billard, bourgeoisie, dessert, flaneur, coiffure, tristesse, avant-garde, élite, madame, bistro, polonaise, marine, remise, arrangement, champion, dessin, chauffeur, apéritif, partie, amateur, foyer, première, moment, marionnette, bon vivant, variété, revue, garderobe, chiffon, parfum, manège, filou, hors-d'œuvre, garage, croissant, mannequin, boulevard, gelée, billet, boutique, consommé, limousine, chanson, tournée, dîner, canaille, affaire, courage, étage, régie, hôtel, nostalgie, roulette, cousin, accessoire, empire, buffet, rouge, prostitution, couture, parfait, coquetterie, café, démarche, ingénieur, chef, coupon, adresse, coupé, terrain, laissez-faire, de rigeur, comme il faut, train de vie …

{ . . . . }

Die Polemik gegen das, was einst Französelei hieß, ist, wie der anti-zivilisatorische Affekt, der sie befeuerte, längst vergessen. Leider gilt das auch für manchen unersetzlichen Ausdruck, den wir unserem Nachbarland verdanken. Der unausrottbare Duden verzeichnet zwar, sklavisch wie immer, das *Highlife* und den *User* (der offenbar nichts mit Computern zu tun hat, denn er wird als Drogenabhängiger definiert) – hält jedoch die *Courtoisie*, wie nicht anders zu erwarten, für »veraltend«.

Aber wollen wir wirklich ganz ohne *élan* auskommen, ohne *nonchalance, aplomb, savoir-vivre, désinvolture, contenance, verve, politesse, chic, raffinement, cachet, éclat, galanterie, délicatesse, panache, flair, noblesse, charme, allure* und *élégance?* Am Ende auch noch ohne *fortune?* Das wäre allerdings schade.

NÄMLICH. Niemand weiß zu sagen, wie umfangreich der deutsche Wortschatz ist. Größere Standardwörterbücher verzeichnen 120 bis 150000 Vokabeln, doch verzichten sie glücklicherweise darauf, alle Zusammensetzungen aufzuführen. Auch belasten sie sich nicht mit Fachausdrücken, die nur der Eingeweihte versteht. (Allein die Mediziner sollen es auf rund eine halbe Million Termini bringen.)

Aber das ist noch gar nichts, verglichen mit der Zahl von Namen, welche die Bewohner dieses Planeten im Munde führen. Nicht nur besteht jeder von ihnen darauf, daß ihm ein Eigenname zu eigen ist; keiner möchte es gern bei Hinz und Kunz belassen. Beispiele wie *Sebastiano Triano Giacobello Maria Immaculata Valentino Marulli Duca d'Asoli, Principe di Sant'Angelo dei Lombardi, Principe di Faggiano, Barone di Nusco, Andretta, Lioni, Carbonara, Monticchio, Oppido, Montamarano, Volturara e Parolisi* gehören zwar der Vergangenheit an, aber auch heutige Standesämter lassen der Phantasie allerlei Spielraum. Einmalig wie wir alle! Daher auch die beliebten Doppelnamen wie *Schnarrenhuber-Kowalkowski* oder *Kumaratunga-Guggemoos.*

Darüber kann man sich lustig machen. Es ändert aber nichts an der Magie der Namen. Von jeher taugen sie dazu, jemanden zu beschwören oder sich etwas anzueignen. Erst wer weiß, wie ein Stück Land heißt, kann es in Besitz nehmen. Deshalb gibt es keinen Fleck auf der Erde, der namenlos geblieben wäre. Die kleinste Gasse, der abgelegenste Wüstenstrich, der elendigste Slum, alles findet sich wieder in dem engmaschigen Netz der *Toponyme.* Allein das Ortsverzeichnis von *Andrees Handatlas* aus dem Jahr 1914 umfaßt 265000 Einträge, obwohl das Werk die Welt im großen Maßstab abbildet. Jeder Bauer kennt darüber hinaus Dutzende von Feld- und Flurnamen, die auf keiner Karte verzeichnet sind.

Die Manie, alles und jedes zu taufen, macht auch vor dem Weltall nicht halt. Auf den Mondkarten trägt noch der kleinste Krater und das trockenste »Meer« einen feierlichen Namen, ebenso wie die Himmelskörper und die Konstellationen.

Allerdings sind die Ortsnamen und vor allem ihre Ableitungen eine Wissenschaft für sich. Im Deutschen tun wir uns leicht; einer aus *Hessen* ist eben ein *Hesse,* und wer aus *Bamberg* kommt, ist und bleibt einfach ein *Bamberger.* (Nur die *Hannoveraner,* die *Hallenser* und die *Münsteraner* halten sich nicht an diese Regel.) Auch viele Ausländer wie der *Schweizer* oder der *Norweger,* der *Schwede* und der *Russe* gehen uns mühelos von der Zunge, ebenso wie die diversen *-aner, -esen, -ier, -enen* und *-enser.* Doch schon der *Monegasse* fällt nicht jedem auf Anhieb ein, ebensowenig wie der *Guatemalteke.* Und wie heißt eigentlich ein Einwohner von Borneo, von Helsinki oder von Bordeaux?

Überhaupt die Franzosen! Sie leisten sich die wunderbarsten Extravaganzen. Einer aus Metz wird bei ihnen im Handumdrehen zum *Messin,* wer aus Tours stammt, zum *Tourangeau,* der Biarritzer heißt nicht so, sondern *Biarrot,* und ein *Aquisextain* wohnt ganz gewiß in Aix-en-Provence. Da wundert es nicht, wenn der Bürger von Bourges sich nicht etwa *Bourgeois* nennt, sondern *Berruyer!* Fast noch ärger treiben es die Italiener mit ihren Toponymen. Weiß der Kuckuck, wie sich die Einwohner von La Spezia oder von Chioggia nennen! Am besten, man fährt hin und fragt sie selber.

HEITERES BERUFERATEN. Allah mit seinen ersten neunundneunzig Namen anzurufen ist verdienstvoll; aber wehe, wer den hundertsten ausspricht! Er führt damit das Ende der Welt herbei. Wer freilich meint, dies sei ein Glaubenssatz rechtgläubiger Muslime, der hat die Geschichte nicht verstanden. Sie handelt von der Unerreichbarkeit Gottes, davon, daß der Versuch, ihm allzu nahe zu kommen, frevelhaft ist, und von der Magie, die einem Namen innewohnt. »Du solt den Namen des HERRN deines Gottes nicht misbrauchen / Denn der HERR wird den nicht vngestrafft lassen /

der seinen Namen misbraucht.« – So steht es immerhin im Zweiten Gebot (Exodus 20, 7). Es muß aber durchaus nicht der Name eines göttlichen Wesens sein. Der eines kleinen Männleins tut es auch. Rumpelstilzchen wollte nicht, daß die Königstochter wissen sollte, wie er hieß. »›Nun, Frau Königin, wie heiß ich?‹ – ›Heißt du etwa Rumpelstilzchen?‹ – ›Das hat dir der Teufel gesagt, das hat dir der Teufel gesagt‹, schrie das Männlein und stieß mit dem rechten Fuß vor Zorn so tief in die Erde, daß es bis an den Leib hineinfuhr, dann packte es in seiner Wut den linken Fuß mit beiden Händen und riß sich selbst mitten entzwei.«

Spionagedienste und Logen, Sekten und Mafiagesellschaften verwenden Deck- und Geheimnamen, die kein Außenstehender kennen darf. Die Polizei muß sich mit dem einen oder andern *alias*, die Literaturgeschichte mit Pseudonymen herumschlagen. In abgeschwächter Form gilt das auch für Spitznamen, die nur in der eigenen Clique Geltung haben. Bei vielen Völkern gibt es Tabus, die sich auf die Namen der Toten beziehen, und so manchen Aber-Glauben haben sich auch die aufgeklärtesten Gesellschaften nicht nehmen lassen.

Doch auch weniger fatale und gefährliche Vorstellungen heften sich an den Namen. Wenn ein Kind *Felix* oder *Benedikte* genannt wird, soll er Glück und Segen verheißen. Jeder *Theodor* ein Gottesgeschenk, jeder *Abdullah* ein Diener des Herrn, jeder *Gottlieb* mehr als ein Sonntagskind: ein Günstling des Allmächtigen. Auch die Heiligen werden gern als Namens- und Schutzpatrone in Anspruch genommen, und die Spanier verfügen über eine ganze Litanei von Vornamen, die auf die Hilfe der Madonna zählen: *(Maria) Blanca, (Maria de la) Anunciación, Concepción, Navidad, Caridad, Gracia, Asunción, (de las) Dolores, (de las) Flores, (de las) Angustias, (del) Carmen, Consuelo, Pilar, Rosario ...*

Nicht, als verstünde sich unser System von Tauf- und Zunamen von selbst; andere Gesellschaften kennen es entweder gar nicht, oder sie gehen ganz anders damit um. Auch in Europa hat sich die

standesamtliche Kontrolle ja erst im ausgehenden Mittelalter eingebürgert, und in manchen Gegenden ist ihre Durchsetzung erst im
19. Jahrhundert gelungen.

Was bei uns als Vornamen gilt, müßte in Ungarn oder in China
eigentlich Nachname heißen. Franz Liszt wurde als *List Ferenc* ge-
boren, und nicht etwa *Tung* oder *Dong*, sondern *Mao* ist der Familienname des kommunistischen Kaisers von China. Viele Gesellschaften können mit einem unverzichtbaren dritten Namen aufwarten, dem Patronym oder Vatersnamen; daher kann in russischen Romanen ein Verzeichnis von Nutzen sein, das uns hilft,
Stepan Ivanovič von *Ivan Stepanovič* zu unterscheiden. In Island
gilt bis auf den heutigen Tag das Patronym als Familienname, der
mit jeder Generation wechselt: so könnte sich *Einar Hjórleifssons*
Vater *Hjórleif Guðmundsson* genannt haben, nach Einars Groß-
vater *Guðmundur Hallgrímsson*, und so weiter; Einars Schwester
hieße dann vielleicht mit Vornamen *Steignunn* oder *Vigdís*, aber auf
jeden Fall *Hjórleifsdóttir*. Ein bißchen ungewohnt, aber doch eine
interessante Abwechslung! Auch das schottische *Mac* (wie in
MacLeish) und das irische *O'* (wie in *O'Connor*, *O'Higgins* und so
weiter) bedeutete ursprünglich nur, daß der so Genannte den Len-
den der Herren *Leish* oder *Higgins* entsprungen war.

Nicht zuletzt was die Grammatik betrifft, leisten sich die Eigen-
namen einige Extratouren. In allen europäischen Sprachen bestehen sie darauf, daß man sie mit großen Anfangsbuchstaben
schreibt. Sie dulden keinen Plural und, bis auf ein kleines *-s* im Genitiv, keine Kasusendungen, und sie mögen es nicht, wenn man
ihnen einen Artikel vorsetzt. Das alles wären freilich keine sprachlichen Regeln, wenn sie nicht allerlei Ausnahmen zuließen. Es macht
uns gar nichts aus, *dem* kleinen Hans eins auf die Nase zu geben,
oder *die* Garbo zu verehren; auch ist es typisch, daß *die Bauers*
(nicht zu verwechseln mit *den Bauern*!) wieder einmal zu spät gekommen sind. Wer wüßte nicht, daß *die Bernouills* große Mathe-
matiker waren, und daß *die Rothschilds* reiche Leute sind. Wenn je-

doch von *einem Casanova* oder gar *einem Diesel* die Rede ist, denkt niemand mehr an die historischen Träger dieser Namen.

Die Familiennamen sind ein so weites Feld, daß jeder gut daran tut, es den großen Experten der *Onomastik*, vulgo Namenskunde, wie den Herren Heintze, Cascorbi und Bauer zu überlassen. Nur ein kleines Quiz sei hier erlaubt. Wenn einer *Schneider, Schuster, Müller* oder *Schmidt* heißt, dann geben seine Vorfahren uns keine Rätsel auf. Aber was hat es auf sich mit Herrn und Frau *Amsler, Aschenbrenner, Baedeker, Bech, Beckenschlager, Bendler, Bessemer, Beutler, Bleyle, Bogner, Bunge, Daimler, Deichsler, Deschner, Doppler, Eisenhut, Feilner, Falkner, Faßbender, Findeis, Fingerhut, Flaschner, Gürtler, Häberlein, Heckel, Hamacher, Harnischfeger, Hippel, Hodler, Hölscher, Höfner, Kagel, Kepler, Keßler, Kleiber, Köhler, Kranzler, Leisler, Lichtwark, Löffler, Mautner, Nadler, Nestler, Ollenhauer, Peukert, Pfeifer, Pferdmenges, Pündtner, Rademacher, Riefenstahl, Riemenschneider, Runge, Schacht, Schauer, Scheler, Scherer, Schicketanz, Schindler, Schirrmacher, Schlüter, Schopenhauer, Schröder, Schubert, Seeler, Sporer, Spranger, Stieler, Teschner, Tauber, Traxler, Werfel, Wickert, Wollschläger, Zeltner, Ziegler?*

{ . . . .
. . . . }

All diese Familiennamen erinnern an ausgestorbene Berufe, von denen Rudi Palla in seinem Buch *Verschwundene Arbeit* Näheres zu erzählen weiß.

DIE FÜNF SINNE. Warum nur fünf? Wer gerne schaukelt, Achterbahn fährt oder sich einem altmodischen Kettenkarussell anvertraut, der weiß den Gleichgewichtssinn zu schätzen; wer einen heißen Teller anfaßt, bekommt den Temperatursinn zu spüren; ein starker Föhn macht manchen Leuten zu schaffen, die besonders wetterfühlig sind. Daß wir nicht unempfindlich sind gegen elektrische Spannungen, weiß jeder, der als Kind den Pol einer Batterie mit der Zunge berührt hat. Die Körperwahrnehmung ist vielfältiger, als das Schema der fünf Sinne vermuten läßt. Bleiben wir aber, der Einfachheit halber, ruhig bei der klassischen Fünfzahl und fragen wir uns, wie unsere Sprache mit ihr umgeht. Dabei wird sich rasch herausstellen, daß sie nicht für alles, was wir wahrnehmen, Worte hat.

Am schäbigsten behandelt sie den Geschmack. *Es schmeckt gut, schlecht, scharf, süß, sauer, salzig, bitter*: mehr fällt uns dazu kaum ein. Wollen wir uns genauer ausdrücken, so sind wir auf Vergleiche angewiesen und sagen *Es schmeckt nach* ... oder *Es schmeckt wie* ... Weinhändler haben dabei einen eigenen Jargon entwickelt, der oft abenteuerlich klingt. Sie behaupten einfach, daß ihre Gewächse nicht nach Trauben, sondern nach Haselnüssen, grünem Pfeffer, Schokolade, Holunder, Crème brulée, Thymian, Kaffee und Kiwis schmecken. Wer's glaubt, ist selber schuld.

Ein bißchen besser sieht es mit dem Geruchsinn aus. Über das simple *gut* und *schlecht* hinaus kann etwas *scharf, modrig, blumig, faulig, süß(lich), aromatisch, bitter, ätzend, fruchtig, rauchig, betäubend* riechen. Parfümhersteller, die sich mit dieser kurzen Liste nicht zufriedengeben, können sie mit einiger Phantasie verlängern. Aber im Grunde müssen wir uns auch hier mit Vergleichen behelfen, so wie die Milchfrau in Brechts Gedicht von »Jakob Apfelböck und den Lilien auf dem Felde«, die fragt: »Was riecht hier so?«, und sich selbst die Antwort gibt: »Es riecht, als wenn man stirbt!«

Reichlich sind wir mit Ausdrücken versorgt, die mit dem Tastsinn zu tun haben. Zwar kann man sich auch hier damit begnügen, eine Oberfläche oder eine Konsistenz zu beschreiben, indem man feststellt, *das fühlt sich an wie* ... Aber meistens kommen wir ohne diesen Notbehelf aus, weil uns in solchen Fällen eine eindrucksvolle Palette von Adjektiven zur Verfügung steht: *hart, weich, glatt, rauh, samtig, geriffelt, fasrig, stumpf, mehlig, schlüpfrig, steif, stachlig,*

rissig, metallisch, pelzig, ölig, genoppt, fleischig, wächsern, flau-
mig, sandig, genarbt, klebrig, porös, pudrig, elastisch ...
{ . . . .
. . . . }

Mit dem Gehörsinn hat es eine eigene Bewandtnis. Hier ist mit Adjektiven nicht viel auszurichten. Zwar kann sich manches *hell* oder
dunkel, laut oder *leise* anhören, und es gibt *hohe* und *tiefe* Töne.
Oder etwas klingt *matt, dumpf, schrill, melodisch, heiser, hohl, ge-
dämpft, kehlig, getragen, durchdringend, blechern, monoton* ...
Aber all diese Adjektive kommen, ganz anders als beim Tastsinn,
nicht an gegen die ungeheure Vielfalt von *Verben*, die sich auf Töne
und Geräusche beziehen. Da *blubbert, dröhnt* und *wispert* es,
krächzt und *summt, donnert* und *gurrt, rasselt* und *säuselt, gellt,
scheppert, donnert, rasselt* und *schmettert* es derart, daß man sich
am liebsten die Ohren zuhalten würde. Und das ist natürlich noch
längst nicht alles.
{ . . . .
. . . . }

Strahlender Sieger, wenn es um die Verbalisierung von Wahrnehmungen geht, ist natürlich der Gesichtssinn. Wie etwas riecht,
dafür haben wir, wie gesagt, nicht viele Worte übrig; aber um zu beschreiben, wie etwas aussieht, verfügen wir über ein enormes Lexikon. Linguisten und Hirnforscher haben sich über die Frage, wie
wir uns in der sichtbaren Welt zurechtfinden, jahrzehntelang den
Kopf zerbrochen, und sie sind zu dem Schluß gekommen, daß wir
dabei auf drei ganz verschiedene Weisen verfahren. Zuerst lokali-
sieren wir das, was wir sehen, und nehmen Bewegungen wahr;
dann erfassen wir die Gestalt, und erst im dritten Anlauf unterscheiden wir die Farben. Jeder dieser Schritte wird auch im Gehirn
anders verarbeitet.
    Für den ersten Aspekt – Lage, Orientierung und Bewegung – ist

nicht nur das Auge zuständig, sondern auch der Gleichgewichts- und der Tastsinn, die Bewegungskontrolle und sogar das Gehör. In allen Sprachen gibt es dafür ein begrenztes Repertoire von Elementen; im Deutschen sind das vor allem Präpositionen wie *vor, hinter, auf, unter, in, neben, zwischen, durch* usw. und natürlich Verben, die Positionen und Bewegungen anzeigen wie *sitzen, liegen, stehen, hängen, fallen, steigen* ...

Auf die Schwerkraft ist Verlaß. Deshalb gilt die Unterscheidung von oben und unten für uns alle, egal, welche Sprache wir sprechen. Aber wie verhält es sich mit vorn und hinten, links und rechts? Gelten diese Koordinaten, wie bei uns, abhängig vom Betrachter, oder geht es auch anders? Bei den Tzeltal-Indianern in Mexiko kommt es nicht auf die Blickrichtung dessen an, der da etwas beobachtet; für sie gilt die Horizontale ebenso absolut wie für uns die Unterscheidung von oben und unten. Das kann zu erheblichen Mißverständnissen führen, wenn ein Tourist den Einheimischen nach dem Weg fragt!

Wenn es um den zweiten Aspekt geht, die Bestimmung der Gestalt, also um Form und Struktur, explodiert die Vielfalt der Benennungen. Mit einer Liste, wie beim Geruch, oder mit einem kleinen Repertoire, wie bei der Orientierung, ist hier nichts auszurichten. Sie würde kein Ende nehmen. Allein die Botaniker verfügen bereits über ein schier endloses Vokabular, zum Beispiel, wenn es darum geht, die Form eines Blattes zu beschreiben. Schlichte Handbücher wie die *Exkursionsflora von Deutschland*, herausgegeben von Werner Rothmaler, oder das *Handwörterbuch der Pflanzennamen*, herausgegeben von Fritz Encke u. a., können mit Dutzenden unwahrscheinlicher, nie gehörter Adjektive aufwarten:

fiedrig, fingerig, gesägt, gelappt, gefingert, lanzettlich, ei-, hand-, fuß- nadel-, leier- und borstenförmig, keilig, spatelig, herz-, spieß-, pfeil-, rauten-, schild- und nierenförmig, buchtig, drüsenhaarig, netz-, streifen- und fingernervig, spitz, quirl-, grund-, gegen- und

*wechselständig, begrannt, geöhrt, keulenblättrig, dreihörnig, si-
chelschnäbelig ...*

Und ebenso wie bei den Pflanzen geht es bei allem andern zu, was
wir erblicken, egal ob es sich um Gesichter, Steine, Autotypen oder
Schriftschnitte geht. Ein wenig Ordnung läßt sich allerdings in
diese Mannigfaltigkeit bringen, indem man sich an Wörter hält, die
nicht zusammengesetzt, abgeleitet oder Fremdwörter sind. Solche
elementaren Ausdrücke gibt es in allen Sprachen: *dick, kurz, glatt*
oder *krumm, lang, kurz, breit* oder *schmal,* usw. Aber mit denen allein kommen wir nicht aus, und deshalb erweitern und verfeinern
wir die Bezeichnungen für Gestalten und Texturen *ad libitum.* Soll
ich auch noch aufzählen, welche Muster wir im Deutschen auf einer
x-beliebigen Oberfläche unterscheiden können? *Schraffiert, gemar-
belt, geflammt, gestriemt, gezüngelt* oder gar *gezaddelt, gepardelt*
und *gesperbert?*
{ . . . .
. . . . }

Besser, ich lasse es bleiben. Hier kann der Liebhaber nur noch die
Waffen strecken.

DER MALKASTEN DER SPRACHE. Wie sähe eine Welt ohne Farben aus? Ohne die Fähigkeit, Gestalten zu unterscheiden und uns
zu orientieren, wären wir verloren. Damit verglichen ist unser Farbsinn eine Art Zugabe, um nicht zu sagen: der schiere Luxus. Gäbe
es ihn nicht, wir würden es gar nicht wissen. Wer's nicht glaubt,
braucht sich nur ein paar Schwarzweißfotos oder einen Schwarz-
weißfilm anzusehen, und er wird feststellen, daß eine Welt ohne
Farben nicht nur möglich, sondern vollkommen komplett ist, auch
wenn sie auf die Dauer vielleicht etwas trübsinnig anmutet. (Es soll
ja Cinéasten geben, die bis heute meinen, daß der Farbfilm der
Kunst eher geschadet hat.)

Die meisten von uns erfreuen sich jedenfalls der Tatsache, daß das menschliche Auge rund fünfzigtausend Farbnuancen unterscheiden kann. Natürlich kann niemand erwarten, daß er für jede von ihnen einen Namen parat hat. Doch mit einem einzigen *Rot* würden wir uns nie zufriedengeben; wir erfreuen uns nicht nur am *Kirsch-, Rost-, Tomaten-, Rubin-, Krapp-, Lachs-, Mohn-, Ziegel-, Erdbeer-, Burgunder-, Kupfer-, Krebs-, Granat-, Mennig-, Karmin-, Himbeer-, Korallen-, Scharlach-, Zinnober-, Ochsenblut-, Rausch-* und *Purpur-Rot*; sondern wir greifen, wenn das nicht reicht, wir auch noch zu *Orseille, Karmesin, Vermillon* und *Chenille*, zu *venezianischen* oder *pompejanischen* Tönen. Und so weiter.

Ungern höre ich Experten zu, die mir versichern, daß die Römer kein Wort für *grau* und für *braun* hatten; daß die Japaner Schwierigkeiten damit haben, *grün* und *blau* zu unterscheiden; und daß es sogar Menschen geben soll, die nur *schwarz* und *weiß* oder *hell* und *dunkel* kennen. Der Streit über den Farbsinn fremder Völker ist lange und in vollem Ernst ausgetragen worden, bis zwei Linguisten, Brent Berlin und Paul Kay, dem Spuk ein Ende gemacht haben. Über hundert ganz verschiedene Sprachen haben sie auf ihre Farbwörter hin untersucht. Ausgegangen sind sie dabei nicht von den erfindungsreichen Wortschöpfungen, die wir soeben noch bewundert haben, sondern von den puren, einfachen Bezeichnungen, also nicht *taubengrau* oder *reseda*, sondern *schwarz, weiß, gelb, rot, grün* usw. Sie konnten zeigen, daß es davon auf der ganzen Welt nur ein rundes Dutzend gibt, von denen, wenn man genauer hinsieht, ganze sechs übrigbleiben.

Nun könnte man meinen, daß diese sechs in allen Sprachen und Kulturen vorkommen. Aber das stimmt nicht. Tatsächlich gibt es Idiome, die sich mit dem absoluten Minimum begnügen, nämlich mit *schwarz* und *weiß* oder *dunkel* und *hell*. Als drittes tritt bei reichhaltigeren Sprachen das *Rot* hinzu, als viertes entweder *Grün* oder *Gelb*, und als fünftes Element dann die jeweilige Ergänzung um *Gelb* oder *Grün*. Erst als sechste Farbe ergänzt dann *Blau* die Palette.

Aber Moment mal! Bevor wir die vermeintlich zu kurz gekommenen Völker dieser Erde bedauern, sollten wir uns gesagt sein lassen, daß auch die Sprecher des Dani auf Neu-Guinea, die nur zwei Grundfarbwörter haben, sämtliche Nuancen von Feuerrot und Dunkelblau mühelos unterscheiden können – vielleicht sogar schärfer als die verwöhnten Bewohner der Metropolen, und sie verfügen auch über eine Grammatik, mit deren Hilfe sie Benennungen für diese Nuancen bilden; sie sagen dann zum Beispiel *schlammfarben* oder *wie ein verschimmelter Mango-Baumstamm*. Auch sie erleben also, wenn sie über das Meer schauen, sicherlich ihr *blaues* Wunder.

Nun haben sich unsere beiden gelehrten Amerikaner auch gefragt, wie ihr Befund sich erklären läßt. Unter ihren sechs Grundelementen haben sie drei Paare ausgemacht:

| Schwarz | Rot | Gelb |
| Weiß | Grün | Blau |

Dabei ist ihnen aufgefallen, daß Rot/Grün und Blau/Gelb bekannt sind für die beiden Formen erbbedingter Farbenblindheit; man vermutet, daß jeweils ein bestimmtes Gen dabei ausschlaggebend ist. Schwarz/Weiß dagegen ist eine Unterscheidung, die der Farbwahrnehmung gewissermaßen vorausgeht.

Wie nun das Gehirn aus diesen Grundbedingungen den Luxus der Farbenwelt erzeugt, und wie die Universalgrammatik diesen Reichtum in bestimmte sprachliche Bahnen lenkt, das ist mit diesen Beobachtungen natürlich nicht im entferntesten erklärt. Solche Rätsel werden uns sicher nicht daran hindern, daß wir uns am Luxus der Farben erfreuen, und daß wir immer neue Namen dafür erfinden.

Vierte Runde

WIE SICH DIE WÖRTER VERBEUGEN. Nichts fürchtet einer, der eine fremde Sprache lernt, mehr als die Tabellen, an denen sich die Schulgrammatik ergötzt. Es nützt ihm ja nichts, daß er sich an das hält, was ihm das Wörterbuch sagt. Dort findet er nie ein Wort wie *findet*, *fand*, *fändest* oder *gefunden*, sondern nur den Infinitiv *finden*. Nun fällt es einem in der eigenen Sprache gewöhnlich gar nicht auf, zu welchen gymnastischen Übungen die meisten Wörter fähig sind. Wir benötigen keine Tabellen, um diesem Treiben zu folgen. Dennoch lohnt es sich, ein paar Gedanken an das zu wenden, was die Grammatiker *Flexion* oder *Beugung* nennen.

Wie immer versuchen sie, ein wenig Ordnung in das scheinbare Chaos zu bringen. Zu diesem Ende unterscheiden sie verschiedene Flexionskategorien: die der Zahl (*Numerus*), der Person, der Zeit (*Tempus*), des Falls (*Kasus*), des Geschlechts (*Genus*), der Zustandsform (*Aktiv*, *Passiv*), der Aussageart (*Modus*) und der Steigerung. Manche Sprachen leisten sich darüber hinaus noch einige Extratouren wie die Aspekte oder Aktionsarten des Verbs.

Wenn jemand allerdings glaubt, so ginge es auf der ganzen Welt zu, so irrt sich der. Das Chinesische kommt nämlich ganz und gar ohne Flexionen aus, und auch andere nicht-europäische Idiome haben mit dem System der Schulgrammatik, die sich im wesentlichen am Muster des Altgriechischen und des Lateinischen orientiert, nicht viel im Sinn.

Die meisten Linguisten glauben, daß die Flexion zwar eine uralte Praxis der *Indogermanen ist, daß deren Nachfahren aber dazu neigen, sich ihre Extravaganzen allmählich abzugewöhnen. Dafür spricht einiges. Wenn man sich die historische Überlieferung näher anschaut, dann stellt sich heraus, daß viele Sprachen im Lauf der Zeit alte Flexionsformen aufgeben. Angeblich konnte das Verb im klassischen Sanskrit mit ungefähr 800 verschiedenen Ableitungen aufwarten; die alten Griechen sollen deren über 450 gekannt haben; und selbst die Römer konnten sich noch mit 143 Beugungsformen des Verbums brüsten. Solche Zählungen sind, wie die von Infusorien in einem Glas Wasser, allerdings mit Vorsicht zu genießen.

Am anderen Ende der europäischen Sprachfamilie sind die modernen Engländer angelangt. Sie kommen mit fünf Flexionsformen aus. Den Rest übernehmen die sieben Formen des Hilfsverbs *to be*, die vier von *to have* sowie das Kleeblatt *will, would, shall* und *should*. Es sieht ganz so aus, als könne das Englische mit ganzen zwanzig Elementen all das ausdrücken, wozu das Sanskrit achthundert benötigt. Das Deutsche ist weniger sparsam; es bietet immerhin an die sechzig Flexionsformen des Verbs auf, also dreimal so viele wie sein englischer Cousin.

Und mit der Beugung der Substantive, der Adjektive, der Pronomina sieht es nicht viel anders aus. Die Tendenz ist klar. Das üppige grammatische Gepäck wird nach und nach abgeworfen, und es kommt zu einer Art Ausnüchterung der Formenvielfalt. Alle möglichen Tricks sorgen für den Ausgleich der Verluste, die mit diesem Prozeß verbunden sind. Der Konjunktiv wird durch Konstruktionen umgangen, die ihn mehr oder weniger elegant ersetzen; der sogenannte sächsische Genitiv büßt in vielen Sätzen seine Position ein; die gefürchtete *consecutio temporum* aus dem Lateinunterricht verliert ihre Schrecken. Viele Klagen begleiten dieses leise Abbruchunternehmen. Jacob Grimm hat darin nur einen unaufhaltsamen Sprachverfall gesehen. Heute haben sich die Linguisten auf den schönen Lehrsatz geeignet: »Die Morphologie von heute ist die Syntax von gestern.« (In manchen Fällen gilt allerdings auch das Umgekehrte.)

Es gibt aber auf der anderen Seite Leute, die das Abschmelzen von Flexionsformen mit Jubelrufen begleiten. Eiferern, denen der hergebrachte Wildwuchs schon immer ein Dorn im Auge war, kann es damit gar nicht schnell genug gehen. Überflüssiger Luxus! Fort mit Schaden!

Es sind vor allem radikale Reformer, die dem Köhlerglauben anhängen, daß sich sprachliche Prozesse planen ließen. Am liebsten wäre ihnen eine einzige, am Reißbrett entworfene Universalsprache von dürrer Rationalität. Daraus, daß die Utopie des Esperanto gescheitert ist, haben solche Leute nichts gelernt. Menschenfreundlich, wie sie sind, möchten sie uns die Mühen ersparen, die es kostet, eine fremde Sprache zu erlernen; und auch die tausend Mucken, Bocksprünge und Absonderlichkeiten der eigenen halten sie für etwas, das unseren Kindern im Grunde gar nicht zugemutet werden kann.

Dabei übersehen die schrecklichen Vereinfacher allerdings, daß jeder Mensch, bevor er das Alter eines solchen Experten erreicht hat, ohne weiteres in der Lage ist, sich seine Muttersprache anzueignen, und zwar ganz gleichgültig, wie komplex deren Grammatik sein mag. Dazu ist nicht einmal ein Sprachkurs erforderlich. Ich habe mich oft gefragt, warum viele wohlmeinende Erzieher die Fähigkeiten ihrer Kunden so beharrlich unterschätzen. Vielleicht kränkt es sie, daß diese ganz ohne pädagogische Nachhilfe ausgekommen sind, als sie das schwierigste Pensum ihres Lebens zu meistern hatten. Sanskrit oder Englisch, Hopi oder Vietnamesisch – das ist in diesem Zusammenhang Jacke wie Hose.

Es ist ja gar nicht ausgemacht, ob es überhaupt »leichtere« und »schwere« Sprachen gibt. Daß es im Deutschen eine starke, eine schwache und eine gemischte Deklination gibt, halten manche, denen eine DIN-Norm lieber wäre, für völlig überflüssig; sie weisen gern darauf hin, daß das französische, das spanische und das italienische Substantiv seine Kasusflexion ganz verloren hat. Na und?

Im Falle eines Falles geht es auch ganz anders. Wenn jeder Allerwelts-Sprachführer uns mitteilt, daß das Substantiv im Finnischen über fünfzehn Fälle verfügt, hört sich das für den harmlosen Touristen natürlich gräßlich an, zumal wenn diese Fälle zur weiteren Abschreckung auch noch allesamt aufgezählt werden: neben dem *Nominativ*, *Genitiv*, *Dativ*, *Akkusativ* und *Ablativ*, die uns vielleicht noch bekannt vorkommen, sollen wir uns gefälligst mit dem *Inessiv*, dem *Elativ*, dem *Illativ*, dem *Adessiv*, dem *Allativ*, dem *Essiv*, dem *Translativ*, dem *Komitativ* und dem *Instruktiv* vertraut machen. Da sinkt selbst dem Gutwilligsten der Mut. In Wirklichkeit aber ist das alles gar nicht so schlimm; denn die Finnen hängen einfach ihre Präpositionen an das Substantiv, so als würden wir *Haus-ins* sagen statt *ins Haus* und *Geld-ohne* statt *ohne Geld*.

Umgekehrt wird es mancher mit einem Seufzer der Erleichterung begrüßen, daß die Italiener ganz ohne Kasusflexion auskommen. Nach ein paar Wochen in der Toscana mag sich der Tourist in dem Glauben wiegen, er »könne« Italienisch, und wenn er zu Hause *Da Peppino* einkehrt, wird der Wirt sich hüten, ihn zu enttäuschen. Nicht erst, wenn der Reisende einen Blick in einen Roman von Carlo Emilio Gadda wirft, nein, schon beim ersten lautstarken Streit mit einem Carabinieri wird seine schöne Illusion platzen wie eine Seifenblase.

Denn was den Nuancenreichtum und die subtilen Möglichkeiten einer Sprache ausmacht, das zeigt sich nicht allein oder in erster Linie an ihren Konjugationstabellen, seien sie kompliziert oder simpel gestrickt. Deshalb irrt auch, wer sich einbildet, Englisch sei leichter zu lernen als Deutsch mit seinem altertümlichen Hang zu reichen Flexionen. Er merkt nur nicht, wie leicht er über jede zweite Präposition stolpert. Die Engländer sind weit davon entfernt, ihr Idiom irgendwelchen Ausländern zuliebe glattzuhobeln. Über die Eingriffe von Technokraten, die von ihrer funktionalen Nivellierung träumen, wird sich jede Sprachgemeinschaft mühelos hinwegsetzen. Keine Sorge: Globalisierung hin oder her, dem Haß auf die Vielfalt blüht keine siegreiche Zukunft.

ICH UND DU UND DEM MÜLLER SEIN KUH. Von allen grammatischen Kategorien die fundamentalste und die philosophisch interessanteste – das behaupte ich einfach, ohne daß ich es beweisen könnte – ist die der Person. Diese enorme Erfindung, die einen hohen Abstraktionsgrad voraussetzt, geht allen schriftlichen Zeugnissen voraus, die wir kennen. Schon in den ältesten sumerischen Quellen, die über fünftausend Jahre alt sind, ist sie voll entwickelt. Es gibt Sprachen, die ohne Artikel, ohne Genus-, Kasus- und Numerusflexion des Substantivs auskommen. Das Malaiische zum Beispiel kennt keine Flexion der Zeit und keine Unterscheidung von aktivem und passivem Modus des Verbs. Die Kategorie der Person ist dagegen (fast) universell. *Ich*, *du*, *er/sie/es* – die Trinität aus erster, zweiter und dritter Person findet ihre Entsprechung (fast) überall, wo Menschen miteinander reden.

Nun ist die Kategorie der Person unauflöslich mit einer anderen, ebenso fundamentalen verquickt, nämlich mit dem Numerus. Deshalb brauchen wir im Deutschen, wie in den meisten Sprachen, sechs und nicht nur drei Personalpronomina. Das ist weniger trivial als es scheint und kann vertrackte Folgen haben.

Formal gibt es zwei Möglichkeiten, die Unterscheidung zwischen dem Sprecher, dem Angesprochenen und dem, von dem die Rede ist, auszudrücken. Das geschieht entweder dadurch, daß dem Verb eine Flexionsendung angehängt, oder dadurch, daß ihm ein Personalpronomen hinzugefügt wird; im Verlauf der Sprachgeschichte ist es immer wieder zum Wechsel zwischen beiden Möglichkeiten oder zu ihrer Vermischung gekommen. Viele alte Sprachen, wie das Sanskrit, das Griechische, das Lateinische und das Althochdeutsche, arbeiten mit Flexionsendungen. Wo wir zwei Worte brauchen (*ich gebe*, *du gibst* usw.) begnügt sich das Lateinische mit einem: *do, das, dat, damus, datis, dant.* Das Spanische und das Italienische haben dieses Verfahren geerbt; andere neuere Sprachen wie das Französische, das Deutsche und das Niederländische verlassen sich dagegen nicht auf ihre Flexionsendungen, sondern nehmen sicher-

heitshalber ihre Personalpronomina zu Hilfe. Sonst könnte es nämlich zu Verwechslungen kommen: *geht heim* könnte sich, ohne ein
er, *sie* oder *ihr* als Stütze, auf einen Mann, eine Frau, aber auch auf
eine ganze Gruppe beziehen. Auch die erste und die dritte Person
Plural, *gehen heim* wäre, ohne daß ein *wir*, ein *sie* oder ein *Sie* ihr
auf die Sprünge hilft, ziemlich mißverständlich. Sprachen, die ihre
Personalflexion ganz oder teilweise aufgegeben haben, wie das Englische oder das Dänische, sind auf das Pronomen unbedingt angewiesen. Ein *give* oder ein *giver* = »geben« stünde, für sich allein
genommen, ziemlich dumm da; es könnte nämlich alles mögliche
bedeuten, nicht nur *ich gebe*, sondern auch *du gibst, wir, ihr, sie*
oder *Sie geben.*

Auch wo es nicht unbedingt nötig ist, kann das Pronomen eine
Rolle spielen. Es dient dann der Emphase. Nicht *te absolvo*, sondern *ego te absolvo* sagt der Beichtvater, um die Feierlichkeit der
Absolution zu betonen. Den Franzosen stehen zu diesem Zweck sogar ein paar eigene, »starke« Pronomina zur Verfügung. *Moi, je ne*
marche pas – »Ich jedenfalls falle nicht drauf herein« und *Toi, tu*
es fou – »Du, du bist ja nicht ganz dicht« – die Verdoppelung ver-
leiht solchen Äußerungen mehr Durchschlagskraft. Im Plural geht
das nur, indem man noch ein weiteres Wort zu Hilfe nimmt: *Nous*
autres, nous sommes les champions heißt es, wenn eine Weltmei-
sterschaft zu feiern ist.

Natürlich folgen die Tausende von Sprachen, die der Turmbau von
Babel hinterlassen hat, nicht ein und demselben Schema. Da gibt es
wunderbare Tricks zur Verfeinerung der Personen-Dreifaltigkeit,
etwa den *Dual*, eine Form, die neben Singular und Plural tritt und
für paarweise Beziehungen reserviert ist. Im Griechischen und im
Gotischen ist der Dual noch gang und gäbe; im Deutschen findet
sich allenfalls noch ein altbairischer Rest: während *ia* dem hochdeutschen *ihr* (ihr alle) entspricht, bedeutet *ees* ursprünglich *ihr*
beide. Auch im Russischen haben sich Spuren des alten Duals erhal-

ten. Bei den Isländern hat er sogar ein paar Pluralformen verdrängt: mit *vid* und *þid*, »wir« und »ihr«, waren ursprünglich nur zwei gemeint; und die Maori können sich rühmen, daß sie nach wie vor über einen voll entwickelten Dual verfügen. Um die Sache auf die Spitze zu treiben, haben einige Inselvölker im Pazifik sogar einen *Trial* erfunden, der, wie der Name sagt, nur einem Trio vorbehalten ist.

Eine weitere Spezialität ist die Unterscheidung zwischen inklusivem und exklusivem *wir*. Schade, daß es das im Deutschen nicht gibt! Wenn ein Tamile oder ein Chinese sagen will: *Wir sind gekommen*, dann kann er das auf zwei Arten tun. Im einen Fall meint er: »Wir sind gekommen, und die Angesprochenen auch«; im andern Fall aber ist die angesprochene Partei ausgeschlossen: »Wir sind gekommen, ihr aber nicht.«

Andere wiederum, nämlich einige Indianer Nordamerikas, kennen Pronomina der dritten Person, die sich auf jemanden oder etwas beziehen, von dem bereits die Rede war, und solche, die neu eingeführte Leute oder Dinge bezeichnen. Die Gelehrten sprechen dann von *Proximat* und *Obviativ*, aber das brauchen wir uns glücklicherweise nicht zu merken.

Ein senegalesischer Freund hat mir erzählt, daß seine Sprache, das Wolof, über zwei Klassen von Personalpronomen verfügt, von denen die ersten den unsrigen entsprechen, die zweiten dagegen wie Nomina behandelt werden. Ins Deutsche läßt sich das gar nicht richtig übersetzen; nur soviel habe ich verstanden, daß ein und dasselbe *ich* im Wolof ganz verschieden ausgedrückt wird, je nachdem, ob man sagen will *ich gehe*, oder aber *ich, der ich gehe* oder *ich, der geht*. Wieder andere, wie die Pirahã im Amazonasbecken, kennen keinen Unterschied zwischen *ich* und *wir*.

Es gibt aber Menschen, die mit der universellen Trias der Personen weniger im Sinn haben als wir. Während die Chinesen, die über keine Personenflexion des Verbs verfügen, immerhin von den Pronomen Gebrauch machen – auf deutsch würde sich das so anhören:

ich essen, du essen, er essen usw. –, bevorzugen die Japaner und die Koreaner eine im wahrsten Sinn des Wortes unpersönliche Ausdrucksweise. Wo wir sagen *ich, du, er, sie, es, wir, ihr* oder *sie essen,* drücken sie sich derart neutral aus, daß eine wörtliche Übersetzung sich so anhören würde: »Es wird hier gegessen, es findet eine Mahlzeit statt.« Man muß also aus der Situation und aus dem Kontext erraten, wer da spricht, zu wem gesprochen wird und von wem die Rede ist. Wo es nicht anders geht, nimmt man Umschreibungen zu Hilfe; statt *er* kann man sagen: *diese ehrenwerte Person, dieser Herr, diese Frau* usw. Oder man greift zu Verben, die einen verschiedenen Grad von Höflichkeit ausdrücken. Auch durch spezielle Suffixe wird angedeutet, in welchem Verhältnis Sprecher, Angesprochene und Erwähnte zueinander stehen, ob es sich um familiäre, freundschaftliche, Autoritäts- oder Abhängigkeitsverhältnisse handelt, und so weiter. Schlicht und einfach *ich* oder *du* zu sagen, gilt als ungehörig. Eine (unvollständige) Liste von Formeln, mit deren Hilfe sich das vermeiden läßt, schreibe ich, weil ich vom Japanischen keine Ahnung habe, einfach aus der *Cambridge Enzyklopädie der Sprache* ab:

watakushi: sehr förmlich bei Verwendung durch Männer; weniger förmlich bei Verwendung durch Frauen;
watashi: förmlich bei Verwendung durch Männer; neutral bei Verwendung durch Frauen;
atakushi: selten bei Verwendung durch Männer; snobistisch bei Verwendung durch Frauen;
atashi: hauptsächlich von Frauen verwendet, umgangssprachlich;
washi: dialektal, hauptsächlich von Männern der älteren Generation verwendet;
boku: nur von Männern verwendet, gegenüber Vorgesetzten verboten; und
ore: umgangssprachlich von Männern verwendet.

Man könnte sagen: Das ist ja zum Verrücktwerden! Aber das wäre nicht höflich. Wie wir gesehen haben, erfordern es die guten Manieren auch bei uns, in vielen Fällen die zweite durch die dritte Person zu ersetzen; unser *Sie* ist dafür das allergewöhnlichste Beispiel. Weniger oft kommt man in die Verlegenheit, einer Person zu begegnen, die gewohnt ist, von sich selber als *wir* zu sprechen (wie dermaleinst Wilhelm, von Gottes Gnaden Deutscher Kaiser, König von Preußen, Markgraf von Brandenburg, Burggraf zu Nürnberg, Graf zu Hohenzollern, souveräner und oberster Herzog von Schlesien wie auch der Grafschaft Glatz, Fürst von Neuenburg usw. usw.), und die erwartet, daß man sie mit *Euer Majestät* anredet. Auch *Seine Heiligkeit* trifft man nicht alle Tage.

Doch auch im Alltag treibt das Deutsche mit der Personenflexion allerlei Unfug. Man darf gar nicht darüber nachdenken, was es heißt, jemanden mit *wir* anzureden wie der Stationsarzt, der weder sich noch einen Plural meint, wenn er fragt: *Na, wie geht es uns denn heute?* In diesem Punkt müssen wir uns – muß ich mich, streng genommen, an der eignen Nase fassen. Denn es ist zwar nicht der *Pluralis majestatis*, aber immerhin der Autorenplural, wenn ich schreibe: *wir* (das sind Sie, die dieses Buch lesen, und ich). Nun sollten *wir* die Grammatik zwar ernst nehmen, *uns* aber nicht von ihr einschüchtern lassen. Andere treiben es freilich noch ärger. Sie reden in der dritten statt in der zweiten Person mit dem andern, worauf der Angesprochene so reagiert, daß er mit der dritten Person sich selber meint, wie in dem folgenden hirnrissigen Dialog: *Und wie ist meinem Engel heute zumute?* Antwort: *Er hat keine Lust, sich mit dir zu unterhalten.* So simpel wie in der Schulgrammatik geht es eben im wahren Leben nie und nimmer zu.

TATBESTÄNDE. Spätestens an diesem Punkt wird sich jeder normale Leser eingestehen, daß ihm viele Haarspaltereien, denen sich die Linguisten mit der größten Begeisterung hingeben, wenig einleuchten. Er hält sie, wenn er ehrlich ist, für entbehrlich, ja geradezu für überflüssig – sei es, weil sie in seiner eigenen Sprache keine Rolle spielen, sei es, weil sie ihm derart bekannt vorkommen, daß er nicht einsieht, warum die Wissenschaft auf ihnen herumreitet.

Ein solches Spielfeld ist das, was die Sprachwissenschaft *Aktionsarten* oder *Aspekte* nennt. Damit sind die verschiedenen Angewohnheiten gemeint, die man an den Verben studieren kann. Eine komplizierte Sache! So wie sich die Verhaltensforscher streiten, wenn es darum geht, Affen zu beobachten, so liegen sich auf diesem Gebiet die Sprachwissenschaftler in den Haaren. Es ist nämlich gar nicht leicht zu sagen, was den Aspekt von der Aktionsart unterscheidet; über diese Frage sind schon die gewichtigsten Abhandlungen geschrieben worden.

Am besten lassen wir sie auf sich beruhen und begnügen uns vorerst mit ein paar Seitenblicken auf die herrliche Fähigkeit des Deutschen, so lange mit einem Verbum herumzuspielen, bis es eine andere Bedeutung annimmt. Was passiert eigentlich, wenn aus *saugen* < *säugen*, aus *liegen* < *legen*, aus *sinken* < *senken* und aus *essen* < *atzen* wird? Klarer Fall, sagen die Gelehrten, hier handelt es sich um einen *Kausativ* oder einen *Faktitiv*. Wunderbar! Statt *zum Fallen bringen* sagen wir einfach *fällen*. Der Henker muß nicht umständlich *dafür sorgen, daß einer hangt*, er *hängt ihn*, und damit ist die Sache für ihn erledigt. Ähnlich geht es zu mit *trinken* und *tränken*, *prallen* und *prellen*, *dringen* und *drängen*, und so weiter und so fort.

Anders sieht die Sache aus, wenn wir nicht direkt *drängen*, sondern bloß *drängeln*, nicht laut *lachen*, sondern still vor uns hin *lächeln*; wenn die Suppe statt zu *kochen* lediglich *köchelt*, wenn wir *deuteln*, *zischeln* oder *spötteln*. Damit ist eine verminderte Aktivität gemeint, und deshalb heißen solche Verben *Diminutiva* oder, weil die Terminologie nie satt wird, meinetwegen auch noch *Attenuativa*. So wird das *Sausen* zum bloßen *Säuseln* und das *Tropfen* zum bloßen *Tröpfeln*. Aber Vorsicht! Manchmal geht es nicht um Abschwächung, sondern eher um eine wiederholte Tätigkeit, wie beim *Sticheln*, beim *Süffeln* oder beim *Tüpfeln*; in diesen Fällen genügt ein einziger Stich, ein einziger Schluck oder ein einzelner Tupfer kaum. Schon haben die Linguisten den passenden Fachausdruck dafür gefunden: es handelt sich um *Iterativa* oder, wem das nicht genügt, um *Frequentativa*. Bingo!

Umgekehrt sind wir mühelos in der Lage, durch »expressive Konsonantenschärfung«, wie es heißt, *Intensiva* zu bilden. Statt nur zu *schneiden*, können wir es so zum *Schnitzen* bringen; wem das *Hören* nicht genügt, der kann *horchen*, und nicht genug damit, daß einer *schnarrt*, bringt er andere zur Verzweiflung, indem er *schnarcht*.

Wir können aber auch das Verbum, so wie es ist, in Ruhe lassen und ihm, statt seinen Stamm abzuwandeln, das eine oder andere Präfix vor die Nase setzen, um ihm eine andere Aktionsart abzugewinnen. Daß etwas *brennt*, kann unter Umständen lange dauern; sobald es *verbrannt* ist, hat die Sache ein Ende. Schon haben wir aus dem, was unsere Freunde von der Wissenschaft ein *duratives Verb* nennen, ein nicht-duratives gemacht. Oder es kann uns passieren, daß wir unversehens für eine Dame in Leidenschaft *entbrennen*. Hier handelt es sich um einen Vorgang, der, ganz im Gegensatz zum bloßen *Brennen*, plötzlich einsetzt, und somit haben wir es zweifellos mit einem *Ingressiv* zu tun. Wer hätte das geahnt! Anderes wiederum ereignet sich eher nach und nach; vielleicht *blüht* die Tulpe noch nicht richtig, sondern *erblüht* erst allmählich – ein schönes Beispiel für einen *Inchoativ*! Naja, und so weiter; es soll nämlich auch noch *elative*, *illative*, *kausative*, *statische* und *dynamische* Verben geben. Ein Wunder, daß wir mit all diesen Komplikationen mühelos hantieren können, ohne einen Gedanken daran zu verschwenden.

Das ist allerdings anders, ganz anders, wenn es um Sprachen geht, die wir nicht so gut kennen wie die eigene. Da zeigt sich bald und schmerzhaft, daß wir auf die Kategorien der Linguisten angewiesen sind, wenn wir kapieren wollen, wie es dort zugeht. Schon im Englischen wird niemand einen Blumentopf gewinnen, der die einfache Form des Verbums nicht von seiner progressiven unterscheiden kann. Er wird sich leider blamieren, wenn er sagt: *It snowed, statt It was snowing, oder: *I am knowing Mr. Blair, statt I know Mr. Blair. Da muß einer, der Englisch lernt, schon höllisch aufpassen.

Noch mehr Pech hat, wer sich aufs Arabische verlegt. Ohne die beiden Aspektformen des Verbs haarscharf voneinander zu unterscheiden, wird er nicht weit kommen. Das raffinierteste Spiel treiben die Verben freilich im Russischen. Der perfektive und der imperfektive Aspekt wird jedem, der sich auf diese Sprache einläßt, schwer zu schaffen machen. Irgendwie scheint dabei auch noch der Unterschied zwischen durativen und nicht-durativen Verben eine Rolle zu spielen, aber welche? Das will nicht nur gelernt, das will *gefühlt* sein! Jedesmal, wenn der bedauernswerte Fremde sagen will: *Ich lese*, muß er sich gut überlegen, ob er eine zeitlich nicht weiter festgelegte, kontinuierliche Handlung oder einen auf ein Ergebnis hinzielenden Vorgang meint; je nachdem wird er überlegen müssen, ob das Verbum simplex genügt, oder ob er ein perfektives Präfix oder ein imperfektives Suffix benötigt ... Er hat die Qual der Wahl zwischen sechs Möglichkeiten: *čitát', počitát', dočítyvat', dočitát', perečítyvat'* und *perečitát'*. In manchen Situationen fällt die Entscheidung noch schwerer. So kann man es sich auf russisch, weil es dafür zwei verschiedene Verben gibt, offenbar aussuchen, ob man lieber perfektiv oder imperfektiv sterben möchte. Amen!

ADAM, EVA & CO. Eine vollkommen mysteriöse Angelegenheit ist das Genus, auch grammatisches Geschlecht genannt (übrigens, wie sich zeigen wird, eine ziemlich irreführende Bezeichnung). Die scharfsinnigsten Forscher haben sich an der Frage die Zähne ausgebissen, wie diese sonderbare Einteilung unserer Substantive in *Maskulina*, *Feminina* und *Neutra* zu erklären ist.

Jeder Ausländer, der sich entschlossen hat, Deutsch zu lernen, wird die Willkür beklagen, die hier herrscht; er sieht nicht recht ein, was an einem *Mund* männlich, an einer *Nase* dagegen weiblich sein soll. Wenn er ein Franzose ist, kommt ihm das schon deshalb komisch vor, weil es bei ihm zu Hause genau umgekehrt ist; dort heißt es nämlich *la bouche* und *le nez*. Das ist auch nicht viel vernünftiger, selbst wenn das Französische mit zwei Genera auskommt und auf ein eigenes Neutrum verzichtet. Noch härter trifft es den angelsächsischen Sprecher, der Deutsch lernen möchte; denn in seiner Muttersprache haben alle Substantive den gleichen Artikel; nur am Pronomen zeigt sich das Geschlecht, und fast immer leuchtet ein, warum in einem Satz von *she*, *he* und *it* die Rede ist.

Mit zwei Nominalklassen kommen auch die Skandinavier aus. Dort ist eine Gleichstellungsbeauftragte überflüssig; Männlein und Weiblein sind grammatisch gewissermaßen gleichgeschlechtlich, und die Feministinnen brauchen sich nicht, wie bei uns, mit dem politisch korrekten Schrägstrich herumzuschlagen, der die *Autoren* von den */Innen* trennt. Andere, wie die Finnen, die Ungarn, die Perser und die Japaner, kommen sogar ganz ohne Genus aus.

Es ist kein Wunder, daß unser Umgang mit dem grammatischen Geschlecht jeden Ausländer zur Verzweiflung bringt. Daß *das Mädchen* sächlich ist, kann man ihm zur Not noch erklären. Die Regel besagt: Alle Verkleinerungsformen auf *-chen* und *-lein* sind eben Neutra, während Substantive, die auf *-heit*, *-keit* oder *-ung* enden, Feminina sind, und damit basta. Wenn dem Fremden aber *ein Weib* oder gar, was selten vorkommen wird, *ein Frauenzimmer* begegnet, wird er sich fragen, was wir uns dabei gedacht haben, sie zu den Neutra zu zählen. Mit Regeln kann dem Fremden kaum geholfen werden, weil sie in der Regel nicht existieren, und weil es dort, wo sie trotzdem Geltung beanspruchen, von tückischen Ausnahmen wimmelt:

Jahreszeiten, Monate und Wochentage sind im Deutschen männlich, aber warum heißt es dann *die Woche* und *das Jahr?* Das gleiche gilt für die Himmelsrichtungen, für Wind und Wetter, die Maskulina sind, nicht aber für *die Bö* und *die Brise*. Mineralien, Metalle und Elemente sind angeblich Neutra. Warum tanzen aber *die Kohle, der Schwefel* und *die Kreide* aus der Reihe? Wehe dem Ahnungslosen, der auf die Regel hereinfällt, derzufolge Wörter auf *-tum* wie das *Brauchtum, das Wachstum* und das *Eigentum* sächlicher Natur seien! Früher oder später wird ihn dieser *Irrtum* einholen.

Aber es kommt noch schlimmer. Denn die Nominalklassifikation des Deutschen mutet, im Vergleich zu dem, was andere, weit phantasievollere Sprachen zu bieten haben, bescheiden an. Die nämlich verfügen über eine Menge von Unterscheidungen, die mit dem Geschlecht so gut wie gar nichts zu tun haben. Die Sumerer haben sich vor fünftausend Jahren darauf kapriziert, belebte und unbelebte Nomina grammatisch voneinander zu unterscheiden. Das leuchtet immerhin ein. Auch im Tamilischen und seinen Verwandten gibt es kein »Geschlecht«, dafür aber zwei Nominalklassen, eine höhere und eine niedrigere. Die eine ist vernunftbegabten Wesen vorbehalten, die andere gilt für unvernünftige Geschöpfe, unter die gewöhnlich, wer weiß warum, die Frauen gezählt werden, und für Dinge. Andere Sprachen weigern sich, einen Plural zu bilden, falls es sich nicht um Substantive handelt, die Menschen bezeichnen; Dinge, ganz gleich, von welchen Mengen die Rede ist, stehen grundsätzlich im Singular. Die Neigung, die Welt in Sparten einzuteilen, kennt offenbar keine Grenzen. Ich habe mir sagen lassen, daß viele afrikanische Idiome über zehn, fünfzehn, zwanzig Substantiv-Klassen verfügen. Da gibt es eigene Schubladen für wachsende Dinge, für Menschen, für Insekten, für Körperteile, für Flüssigkeiten, für Dinge, die in Paaren vorkommen, für schmale, kurze und enge Sachen ... Soviel zu der Illusion, es könne leichtere und schwierigere, simplere und komplexere Sprachen geben!

Ein durchschnittlicher Satz in einer deutschen Zeitung ist eine erhabene, eindrucksvolle Kuriosität; er nimmt ein Viertel einer Spalte ein; er enthält sämtliche zehn Wortarten – nicht in ordentlicher Reihenfolge, sondern durcheinander; er besteht hauptsächlich aus zusammengesetzten Wörtern, die der Verfasser an Ort und Stelle gebildet hat, sodaß sie in keinem Wörterbuch zu finden sind – sechs oder sieben Wörter zu einem zusammengepackt, und zwar ohne Gelenk und Naht, das heißt: ohne Bindestriche; er behandelt vierzehn oder fünfzehn verschiedene Themen, von denen jedes in seine eigene Parenthese eingeschlossen ist, und jeweils drei oder vier dieser Parenthesen werden hier und dort durch eine zusätzliche Parenthese abermals eingeschlossen, sodaß Pferche innerhalb von Pferchen entstehen; schließlich werden alle diese Parenthesen und Überparenthesen in einer Hauptparenthese zusammengefaßt, die in der ersten Zeile des majestätischen Satzes anfängt und in der Mitte seiner letzten Zeile aufhört – *und danach kommt das Verb*, und man erfährt zum ersten Mal, wovon die ganze Zeit die Rede war; und nach dem Verb hängt der Verfasser noch »haben sind gewesen gehabt haben geworden sein« oder etwas dergleichen an – rein zur Verzierung, soweit ich das ergründen konnte –, und das Monument ist fertig. Ich nehme an, dieses abschließende Hurra ist so etwas wie der Schnörkel an einer Unterschrift – nicht notwendig, aber hübsch. Deutsche Bücher sind recht einfach zu lesen, wenn man sie vor einen Spiegel hält oder sich auf den Kopf stellt, um die Konstruktion herumzudrehen, aber eine deutsche Zeitung zu lesen und zu verstehen wird für den Ausländer wohl immer eine Unmöglichkeit bleiben.

Doch selbst deutsche Bücher sind nicht völlig frei von Anfällen der Parenthesekrankheit, wenn sie hier auch gewöhnlich so milde verläuft, daß sie nur ein paar Zeilen in Mitleidenschaft zieht. Man kann daher dem Verb, wenn man es endlich erreicht, einige Bedeutung abgewinnen, erinnert man sich doch noch an ein gut Teil des Voraufgehenden. Nun, hier ist ein Satz aus einem beliebten, vortrefflichen deutschen Roman – mit einer kleinen Parenthese darin: »Wenn er aber auf der Straße der in Samt und Seide gehüllten, jetzt sehr ungeniert nach der neuesten Mode gekleideten Regierungsrätin begegnete ...« [...] Dieser Satz stammt aus dem *Geheimnis der alten Mamsell* von Frau Marlitt und ist nach dem anerkanntesten deutschen Modell konstruiert.

Soweit Mark Twain in seiner Invektive »The Awful German Language«. Dieses Gejammer über die deutsche Syntax ist nicht besonders originell. Vor allem wird immer wieder beklagt, daß das Verb im Deutschen gewöhnlich ganz am Ende des Satzes steht. Kunststück! Es handelt sich, wie die Linguisten sagen, um eine SOV-Sprache, und das heißt, die normale Reihenfolge ist S (Subjekt) – O (Objekt) – V (Verb). Andere bevorzugen SVO oder VSO; was mich betrifft, so haben sie alle meinen Segen. Es wäre müßig, darüber zu streiten, was die bessere Idee ist.

Aber es gibt noch ein paar andere Anklagepunkte gegen den deutschen Satzbau. Zusammengesetzte Verben *halten*, wenn ihnen ein Nebensatz oder ein Attribut oder sonst was in die Quere kommt, nicht gern *zusammen*. Mr. Twains Kurzzeitgedächtnis ist dem offenbar nicht gewachsen; er hat den ersten Wortteil schon vergessen, bevor er beim zweiten ankommt. (Er könnte sich mit Komposita wie *wehklagen* oder *maßregeln* trösten; denn auch die Deutschen würden ihm nie nachsagen: er *regelte uns maß*, oder er *klagte* über unsere Grammatik *weh*.)

Ein allgemeineres Wehklagen hebt an, wenn es um die angebliche Überlänge vieler deutscher Sätze geht. Da ist was dran. Jeder von uns hat mit den Bandwürmern zu kämpfen, die von Juristen und Soziologen, von Verwaltungsbeamten und leider auch von Sprachwissenschaftlern gezüchtet werden. Aber empfiehlt es sich wirklich, den Parasiten zu bekämpfen, indem man den Wirt umbringt?

Ob ein Satz kurz oder lang ist, besagt über seine Qualität nicht das geringste. Parataxe oder Hypotaxe, einfache oder komplexe Konstruktion: was da den Vorzug verdient, läßt sich nur im Einzelfall beurteilen. Allerdings bieten nicht alle Sprachen gleich viele syntaktische Möglichkeiten. Nicht einmal Mark Twain hätte vermutlich etwas gegen Relativsätze einzuwenden; ohne sie wäre seine Polemik gar nicht ausgekommen. Es kommt uns normal vor, *daß* wir auf diese Weise zwei- oder mehrerlei in einem Satz ausdrücken können. (Es geht auch anders: *Wir können mehrerlei in einem Satz unterbringen. Das kommt uns normal vor* – aber das fänden wir umständlich.) Nun hat sich aber herausgestellt, daß die meisten Sprachen eine solche Konstruktion gar nicht kennen, und daß das Relativpronomen eine Spezialität der europäischen Sprachen ist, die anderswo nur sehr selten vorkommt. Bisweilen sieht es ganz danach aus, daß nicht die andern, sondern wir die Exoten sind!

Das Deutsche ist mit komplexen Satzstrukturen, die weit über den simplen Relativsatz hinausgehen, reich gesegnet, was sicherlich mit dem Einfluß des Lateinischen zusammenhängt. Die Kleriker des Mittelalters und die Humanisten der Renaissance haben dafür gesorgt, daß deutsche Autoren es in der Kunst der Periode so weit bringen konnten. (Falls jemand vergessen haben sollte, was eine *Periode* ist – das Fremdwörterbuch schafft Abhilfe: es handelt sich um einen »meist mehrfach zusammengesetzten, kunstvoll gebauten längeren Satz«.) Bis in den Norden Europas ist dieser lateinische Einfluß nicht vorgedrungen, weshalb z. B. die norwegische Literatur Perioden verabscheut.

Hier sind zwei Proben aufs Exempel:

In M..., einer bedeutenden Stadt im oberen Italien, ließ die verwitwete Marquise von O. ..., eine Dame von vortrefflichem Ruf, und Mutter von mehreren wohlerzogenen Kindern, durch die Zeitungen bekannt machen: daß sie, ohne ihr Wissen, in andre Umstände gekommen sei, daß der Vater zu dem Kinde, das sie gebären würde, sich melden solle; und daß sie, aus Familienrücksichten, entschlossen wäre, ihn zu heiraten.	M. ist eine bedeutende Stadt im oberen Italien. Dort lebte die Marquise von O. Sie war verwitwet. Ihr Ruf war vortrefflich. Sie hatte mehrere Kinder. Ihre Kinder waren wohlerzogen. Sie setzte eine Bekanntmachung in die Zeitungen. Sie teilte mit, daß sie in andere Umstände gekommen sei. Dies sei ohne ihr Wissen geschehen. Sie würde das Kind gebären. Der Vater des Kindes solle sich melden. Sie sei entschlossen, ihn zu heiraten. Dazu veranlaßten sie Familienrücksichten.

Die scheinbare Vereinfachung der Syntax macht aus Kleists Prosa ein fades Püree. Anders verhält es sich mit SGB § 66,1, der so aussieht:

Die persönlichen Entgeltpunkte für die Ermittlung des Monatsbetrags der Rente ergeben sich, indem die Summe aller Entgeltpunkte für 1. Beitragszeiten, 2. beitragsfreie Zeiten, 3. Zuschläge für beitragsgeminderte Zeiten, 4. Zuschläge oder Abschläge aus einem durchgeführten Versorgungsausgleich oder Rentensplitting unter Ehegatten, 5. Zuschläge aus Zahlung von Beiträgen bei vorzeitiger Inanspruchnahme einer Rente wegen Alters oder bei Abfindung von Anwartschaften auf betriebliche Altersversorgung, 6. Zuschläge an Entgeltpunkten für Arbeitsentgelt aus geringfügiger versicherungsfreier Beschäftigung und 7. Arbeitsentgelt aus nicht gemäß einer Vereinbarung über flexible Arbeitszeitregelungen verwendeten Wertguthaben mit dem Zugangsfaktor vervielfältigt und bei Witwenrenten und Witwerrenten sowie bei Waisenrenten um einen Zuschlag erhöht wird.

Hier ist allerdings fraglich, ob den Rentnern mit einer Zertrümmerung des Satzes in Einzelteile wirklich geholfen wäre.

WORTWECHSEL. Unglaublich, wie frei wir im Deutschen sind, wenn es darum geht, aus ein paar Wörtern einen Satz zu basteln! Bei diesem Spiel können die Italiener und die Franzosen nicht mithalten. Ihre Sätze kommen gewöhnlich im Parademarsch daher, sauber geordnet, eins nach dem andern. Noch strikter soll die Wortstellung im Chinesischen geregelt sein. In der deutschen Grammatik geht es lässiger zu. Ein und dieselben paar Wörter können in ganz verschiedener Reihenfolge auftreten, und in jeder dieser Varianten hört der Satz sich anders an.

Das Rezept ist ganz einfach. Man nehme sieben simple Wörter: 2 x *ich*, 2 x *weiß*, 1 x *nichts*, 1 x *daß* und 1 x *auch*, rühre ein paarmal kräftig um, und schon hat man die Wahl zwischen einer großen Zahl von Möglichkeiten. Theoretisch lassen sich sieben Wörter auf 1 x 2 x 3 x 4 x 5 x 6 x 7 (oder 7!) verschiedene Arten anordnen. Diese Multiplikation ergibt genau 5040 mögliche Sätze. Die meisten von ihnen machen allerdings einen ziemlich sonderbaren Eindruck:

> *Auch daß ich weiß, weiß nichts ich.*
> *Daß ich nichts weiß, ich auch weiß.*
> *Nichts auch ich, daß ich weiß weiß.*
> ...

und so weiter und so fort. Lauter Unsinn! Das hört man doch! Um so erstaunlicher ist es, wie mühelos, beinah unfehlbar, wir aus dieser Flut von 5040 denkbaren Kombinationen die »richtigen« herausfischen, und das sind diejenigen, die erstens in unserer Grammatik wohlgeformt sind und zweitens irgend etwas bedeuten. Wunderbarerweise besagt jede von ihnen etwas anderes. Manchmal ist der Unterschied winzig, aber eben auf solche Nuancen kommt es an. Mindestens dreizehn korrekte Sätze lassen sich aus unseren sieben Bausteinen bauen:

> *Auch ich weiß, daß ich nichts weiß.*
> *Auch weiß ich, daß ich nichts weiß.*
> *Auch daß ich nichts weiß, weiß ich.*
> *Ich weiß auch, daß ich nichts weiß.*
> *Ich weiß, daß auch ich nichts weiß.*
> *Ich weiß, daß ich auch nichts weiß.*
> *Daß ich nichts weiß, weiß ich auch.*
> *Daß ich auch nichts weiß, weiß ich.*
> *Daß ich nichts weiß, weiß auch ich.*
> *Daß auch ich nichts weiß, weiß ich.*
> *Weiß ich, daß ich auch nichts weiß?*
> *Weiß ich auch, daß ich nichts weiß?*
> *Weiß auch ich, daß ich nichts weiß?*

Aber damit nicht genug! Denn so, wie die Sätze schwarz auf weiß auf dem Papier stehen, sind die meisten von ihnen mehrdeutig. Es kommt ganz darauf an, wie man sie ausspricht. Es ist ein Unterschied, ob ich sage: *Ich weiß, daß ich* NICHTS *weiß*, oder aber: *Ich weiß, daß ich nichts* WEISS. Die Betonung ist entscheidend. Wie viele Nuancen läßt z. B. folgender Satz zu: *Ich weiß auch, daß ich nichts weiß?* Der Akzent kann auf jedem der sieben Wörter liegen, und jedesmal ergibt sich eine andere Gewichtung der Aussage. Dadurch nimmt die Anzahl der möglichen Varianten um ein Mehrfaches zu; eine Engelsgeduld, die ich nicht aufbringe, wäre nötig, um sie zu zählen.

Wer übrigens bereit ist, ein bißchen zu mogeln und statt *daß* auch *das* zuzulassen, könnte unseren Satz in zwei Teile spalten und auf diese Weise noch eine ganze Reihe von weiteren Varianten erzeugen:

Ich weiß nichts. Auch das weiß ich.
Ich weiß nichts. Das weiß ich auch.
Ich weiß nichts. Weiß ich das auch?
Nichts weiß ich. Das weiß ich auch.
Nichts weiß ich. Das weiß auch ich.
Nichts weiß ich. Auch ich weiß das.
Nichts weiß ich. Auch das weiß ich.

Es ist geradezu unheimlich, was sich aus sieben einfachen Wörtern alles machen läßt. Und doch handelt es sich hier um ein vergleichsweise harmloses Beispiel; denn wenn man es mit längeren Sätzen zu tun hat, sagen wir mal, mit einem Gebilde aus hundert Wörtern, dann steigt die Zahl aller möglichen Kombinationen ins Unermeßliche. Der Taschenrechner kann sie nicht mehr fassen; er streikt schon bei vierzehn Elementen, weil er nur zehn Dezimalstellen bewältigt (und weil $14! > 10\,000\,000\,000$). Auch aus dieser Menge ist natürlich nur ein winziger Bruchteil »wohlgebildet«. Phantastisch ist aber auch in einem so verwickelten Fall, mit welch schlafwandlerischer Sicherheit wir die Spreu vom Weizen trennen. Verdient der folgende Satz ein Sternchen (zum Zeichen, daß er knirscht), oder ist er akzeptabel?

»Solche Maurer auch trieb aber, neben der Begierde, gründlichste Arbeit endlich zu leisten, die Ungeduld, den Bau in seiner Vollkommenheit natürlich erstehen zu sehen.«

Da stimmt doch etwas nicht! Diese kleine Irritation ist der Beweis dafür, daß wir, wenn es um die deutsche Grammatik geht, keine dickfelligen Bärenhäuter sind, sondern lauter Experten, wenn auch nicht derart empfindliche wie Franz Kafka, dem wir hier, unverschämterweise, drei kleine Widrigkeiten in die Schuhe geschoben haben.

VON ZEIT ZU ZEIT. Herrlich, welche Klarheit bis auf den heutigen Tag in manchen Schulbüchern herrscht! Ja, mit Vergangenheit, Gegenwart und Zukunft haben sie gar kein Problem. Dafür gibt es ja Konjugationstabellen, in denen sich säuberlich aufgelistet finden: das *Präsens*, das *Präteritum* (auch *Imperfekt* genannt), das *Perfekt*, das *Plusquamperfekt*, das *Futur I* und das *Futur II*. Aber leider – oder Gott sei Dank – wirft die deutsche Sprache, eigensinnig wie sie ist, das grammatische Schema hier wie in so vielen anderen Fällen gründlich über den Haufen.

Unser Präsens hält sich keineswegs an die Gegenwart. Wenn ich sage *Er spielt Schach* oder *Sie spricht Portugiesisch*, so ist das eine gewissermaßen zeitlose Feststellung, die für gestern, heute und übermorgen gilt. Das Präsens kann aber auch mühelos der Zukunft vorgreifen: *Nächstes Jahr ziehe ich nach New York*; oder: *Übermorgen sieht die Sache schon wieder ganz anders aus. Hinterher tut es dir dann wieder leid.* Und die Ankündigung *Das verzeihe ich dir nie!* bezieht sich sogar auf eine Zukunft, deren Ende gar nicht abzusehen ist.

Aber das Präsens verleibt sich auch ohne weiteres die Vergangenheit ein. Wenn wir in der Zeitung lesen: *Rohöl steigt Richtung*

40 Dollar, oder: *Mutmaßlicher Mörder bringt sich um*, so sind die Ereignisse, von denen die Schlagzeile spricht, längst eingetreten. Oder Sie sagen zu Ihrer Freundin: *Stell dir vor, gestern gehe ich in die Oper, und wen treffe ich da?* Mit der Gegenwart hat das nichts zu tun.

Noch viel weniger halten sich die Romanciers an die Spielregeln der Schulgrammatik. Munter vertauschen sie Präsens und Präteritum. Obwohl es lange her ist, daß sein Held sich einen Ruck gegeben hat, behauptet Alfred Döblin: *Franz Biberkopf marschiert über den Rosenthaler Platz, freut sich und sagt: Was soll det ganze Quatschen, ich muß Geld verdienen.* Man nennt so etwas das *epische Präsens*, im Unterschied zum *historischen Präsens*, dem mit den Börsenkursen und der Oper, obwohl in diesen Fällen von historischen Ereignissen kaum die Rede sein kann.

Und wie steht es mit dem Perfekt, das doch so gern unter dem Namen »vollendete Vergangenheit« auftritt? Hält es sich an Ereignisse, die aus und vorbei sind? Keineswegs! *Das Flugzeug ist soeben gelandet. Jetzt hat der Läufer das Ziel erreicht.* Wenn da nicht der gegenwärtige Moment gemeint ist, was dann? Andere Übergriffe leistet sich das Perfekt, indem es sich Aussagen über die Zukunft anmaßt. *Sobald Ihre Zahlung eingegangen ist, liefern wir die Ware.* Sie ist aber noch gar nicht eingegangen, und vielleicht kommt sie nie. Ähnlich wenig perfekt geht es in dem folgenden Satz zu: *Übermorgen habe ich es geschafft.* (Mit dem Präteritum sind solche Vorgriffe allerdings nicht möglich: **Übermorgen schaffte ich es* – das dürfte kaum gelingen.)

Was das Futur betrifft, das doch für die Zukunft zuständig sein soll, so wildert es hemmungslos in der Gegenwart: *Das wirst du doch nicht im Ernst glauben*, oder *Er wird sicher längst angekommen sein* – solche Sätze stehen zwar formal im Futur, beziehen sich aber eindeutig auf die Gegenwart. Und das zweite Futur kann sogar Aufgaben übernehmen, die eigentlich dem Perfekt zustehen. Wer zu einem sagt *Da wirst du dich aber schön geärgert haben*, der bezieht sich zwar auf eine vergangene Situation, grammatikalisch aber greift er auf die vollendete Zukunft zurück.

Überhaupt die Zukunft! War es Karl Valentin oder Paul Valéry, der behauptet hat, sie sei auch nicht mehr das, was sie einmal war? In diesem berühmten Satz haben jedenfalls alle drei Zeiten friedlich und ganz ohne grammatische Probleme Platz genommen.

WAS VORHER WAR. Daß wir uns in diesem Zeitenlabyrinth nicht verirren, ist eigentlich erstaunlich. Im großen und ganzen finden wir uns gut darin zurecht. Dennoch tauchen ab und zu ein paar Orientierungsschwierigkeiten auf, besonders, wenn es um die Unterscheidung von Präteritum und Perfekt geht. (In Süddeutschland und in Österreich ist das natürlich kein Thema. Denn die oberdeutschen Mundarten kennen, abgesehen von *war* und *waren*, überhaupt kein Präteritum. Wer in München sagt *Ich ging*, gilt als *Preiß*, als Zugereister oder Reingeschmeckter; die korrekte Formulierung lautet: *Ich bin gangen*.)

Präteritum und Perfekt, das ist keineswegs Jacke wie Hose. *Der Bundestag hat das Gesetz beschlossen.* Das läßt vermuten, daß es nach wie vor gilt. Dagegen drückt der folgende Satz nichts dergleichen aus: *Der Reichstag beschloß am 23. März 1933 ein Ermächtigungsgesetz.* Ein Politiker, der sich darauf beriefe, wäre schlecht beraten. Nicht immer ist der Unterschied so deutlich. *Die Indianer haben Kolumbus entdeckt* oder *Die Indianer entdeckten Kolumbus* – das kommt fast, aber nicht ganz, aufs gleiche heraus. Es lohnt sich jedenfalls, vom Luxus solcher Nuancen Gebrauch zu machen.

Man sollte es mit dem Perfekt freilich nicht übertreiben. Eine ganze Erzählung, durchgängig im Perfekt verfaßt, ginge dem Leser nach einer Weile ziemlich auf die Nerven. Deshalb wird der Autor eines längeren Textes sobald wie möglich zum Präteritum übergehen:

In den letzten Jahrzehnten ist das Interesse an Hungerkünstlern sehr zurückgegangen. Während es sich früher gut lohnte, große derartige Vorführungen in eigener Regie durchzuführen, ist dies heute völlig unmöglich. Es waren andere Zeiten. Damals beschäftigte sich die ganze Stadt mit dem Hungerkünstler ...

Unser Perfekt ist nicht perfekt, es hat allerhand Nachteile. Nicht nur ist es umständlich, es hat auch ein paar andere Macken, die nur nicht weiter auffallen, weil wir sie gewohnt sind. Manchmal wird es mit *haben* gebildet, manchmal mit *sein*. Es ist nicht immer ganz klar, ob ich im Bett gelegen *habe*; vielleicht *bin* ich auch dringelegen? *Während wir geschwommen* haben, ist *er am Strand gestanden*; ebensogut könnten wir behaupten: *Während wir geschwommen* sind, hat *er am Strand gestanden*. Dagegen ist es ein Unterschied, ob ein Haus *gebrannt hat*, oder ob es *verbrannt ist*, und ob jemand verschlafen *ist* oder nur *hat*.

Auch mit dem zweiten Teil der Perfektkonstruktion, mit dem Partizip der Vergangenheit, hat es eine eigene Bewandtnis. *Die Rentenversicherung hat sich überraschen gelassen, denn sie hat die Pleite nicht kommen gesehen. *Die Politik hat einfach nicht rechtzeitig reagieren gewollt, gekonnt, gemocht.* So geht es natürlich nicht! Die Politiker haben offenbar geschlafen, aber das heißt noch lange nicht, daß es sich um *geschlafene* Politiker handelt. Sollte sie jedoch jemand aufgeweckt haben, so haben wir es mit *aufgeweckten* Politikern zu tun, nicht nur, weil sich das Partizip unter der Hand in ein Adjektiv verwandelt hat, sondern auch, weil das Verb *aufwecken* transitiv ist und eine ziemlich plötzliche Aktion meint, während *schlafen* gewöhnlich dauert und kein Objekt nötig hat.

Noch lästiger als das Perfekt ist auf die Dauer das Plusquamperfekt. Es mag ja sein, daß es logisch wäre, immer genau anzugeben, daß das vergangene Ereignis I schon *vor* dem vergangenen Ereignis II eingetreten war:

»Der Vater hatte ein Gläslein voll Arznei in die Schublade gestellt, weil er geglaubt hatte, es sei nirgends besser verwahrt. Als aber der Sohn nach Hause gekommen war und die Schublade schnell hatte aufziehen wollen, war das Gläslein umgefallen und war zerbrochen gewesen. Da gab ihm der Vater eine zornige Ohrfeige ...«

Aber Johann Peter Hebel hat mit so schwerfälligen Satzkonstruktionen nichts im Sinn; das ewige *hatte, hatte, hatte* stört sein empfindliches Ohr. Er schreibt lieber:

Der Vater stellte ein Gläslein voll Arznei in die Schublade, weil er glaubte, es sei nirgends besser verwahrt. Als aber der Sohn nach Hause kam und die Schublade schnell aufziehn wollte, fiel das Gläschen um und zerbrach.

Die Vorvergangenheit kann zwar hie und da gute Dienste leisten, um auszudrücken, was in der Vergangenheit schon vollendet war; aber je eher man von ihr wieder herunterkommt, um so besser.

Übrigens gibt es im Deutschen auch noch ein zweites Plusquamperfekt. Es steht allerdings nur denen zur Verfügung, die südlich der Mainlinie wohnen. Statt *Ich hatte geglaubt* heißt es nämlich in Bayern und in Österreich: *I hab glaubt ghabt.*

Andere Sprachen tun sich damit noch leichter. Statt der zusammengesetzten Zeiten, wie wir sie kennen, drückt das Lateinische sämtliche Tempora, ganz zu schweigen von allen möglichen Konjunktiv- und Passivformen, in einem einzigen Wort aus: *audio, audiebam, audivi, audiveram, audiam, audivero.* Auch wer von diesen präzisen Flexionen gehört hat, wird sie vielleicht wieder vergessen haben; doch ist diese Lösung sicherlich praktischer und eleganter als unsere umständliche Art, die Verben zu beugen. Deshalb vielleicht haben die romanischen Sprachen sich, wenn auch nur zum Teil, an das lateinische Verfahren gehalten.

Wieder ganz anders treiben es die Engländer. Ihr Umgang mit der Zeit kann dem Übersetzer schwer zu schaffen machen. *Es hat geregnet* heißt keineswegs *It has rained, sondern *It was raining*; und wehe dem, der sich einbildet, *Ich komme morgen nach Hause* hieße auf englisch **I come home tomorrow*. Wer mehr darüber wissen will, sollte sich an Judith Macheiner halten, die in ihren beiden Büchern *Das grammatische Varieté* und *Englische Grüße* alles, was wir hier nur beiläufig erwähnen, auf ebenso gründliche wie amüsante Art und Weise vor unseren staunenden Augen ausgebreitet hat.

BEZIEHUNGSFALLEN. Im Geometrieunterricht taucht früher oder später die Frage auf, ob dies oder jenes Dreieck mit einem andern, das ähnlich aussieht, *kongruent* ist oder nicht. »Deckungsgleichheit, Übereinstimmung«, sagt das Wörterbuch, nur um die Mathematik hinter sich zu lassen und mit folgender Definition fortzufahren: »*Kongruenz* ist die formale Übereinstimmung zusammengehöriger Teile im Satz, ferner die inhaltlich sinnvolle Vereinbarkeit des Verbs mit anderen Satzgliedern.« Leicht gesagt, aber gar nicht so einfach; denn auf diesem Terrain wimmelt es von Fußangeln.

Natürlich haben sich die Schulgrammatiker die größte Mühe gegeben, auch dieses Gebiet nach allen Regeln der Kunst zu vermessen. Penibel haben sie zwischen *grammatischer*, *syntaktischer* und *anaphoretischer* Kongruenz unterschieden und uns erklärt, was es mit der Kongruenz zwischen Subjekt und Prädikat, bei appositiven Fügungen und bei prädikativen Gliedern auf sich hat. Die neuere Linguistik hat sich damit nicht zufrieden gegeben; sie behauptet, daß sich unter dem weiten Mantel der Kongruenz drei oder vier sehr verschiedene Phänomene verbergen.

Aber von alledem sollten wir uns nicht nervös machen lassen. Schließlich läßt sich das Ganze zunächst völlig harmlos an. Daß es nicht heißt *ich lacht*, sondern *ich lache*; daß man uns besser versteht, wenn wir *ein Narr* und nicht *eine Narr* sagen; und daß die Schwachköpfe keineswegs *die Schwachkopf*, sondern eben *die Schwachköpfe* sind und bleiben, das braucht uns weiß Gott niemand zu erklären.

Aber dann wird die Sache komplizierter. Schon die Fußangeln, die der Numerus bereithält, sind nicht zu verachten. Warum heißt es *zwei Faß Portwein*, aber *zwei Flaschen* vom selben, *drei Dutzend Eier*, aber *Dutzende von Eiern*? Eine Dame, die sich wegen ihrer Figur Sorgen macht, freut sich, wenn sie vier *Pfund* abnimmt, aber wie kommt es dann, daß sie um vier *Pfunde* weniger wiegt? Woher plötzlich dieser Plural, da es zuvor doch ohne weiteres mit dem Singular ging? Und was nutzt es ihr, wenn sie *zwanzig Paar* Schuhe im Schrank hat, aber keines dieser *Paare* paßt zu ihrem Kleid?

Das ist eine Mißhelligkeit, wie sie bei verwöhnten Leuten nicht ungewöhnlich *sind* – oder nicht doch eher *ist*? Ihr Liebhaber war einer der ersten, *der versuchte* (oder *die versuchten*?), sie zu trösten. (Beides wäre unter grammatikalischen Gesichtspunkten möglich, wenn auch vielleicht aussichtslos gewesen.) Nach all diesen Luxusproblemen mögen sie alle miteinander, die Dame, der Mann und der Liebhaber, in *ihrer Hollywoodschaukel* oder meinetwegen auch in *ihren Hollywoodschaukeln* eingeschlafen sein.

Alle Reformbemühungen haben daran nichts ändern können. Im Gegenteil. Zur Debatte *stand (standen)* die frühere und die umgetopfte Rechtschreibung. Eine Menge selbsternannter Experten *machte (machten)* sich wichtig. Das Sprachgefühl und der Stil *blieb(en)* dabei auf der Strecke. Beides, Beschimpfungen und Ausreden, *wurde(n)* laut. Mancher Apparatschik und mancher Geschäftemacher *freute(n)* sich über das Ergebnis. Weder der eine noch der andere *begriff(en)*, daß *er (sie)* auf dem falschen Dampfer *war(en)*.

Soviel zur Numeruskongruenz, die, wie sich gezeigt hat, oft ziemlich inkongruent daherkommt. Das kann uns aber auch mit dem Genus passieren. Wer etwa behauptet, daß die Originalität *der schlechteste Ratgeber* des Künstlers ist, der mag wohl recht haben, doch er muß sich fragen lassen, ob es nicht heißen müßte: *die schlechteste Ratgeberin*? Wie, verehrte Leserin, würden Sie sich in diesem Fall entscheiden? Oder mal angenommen, eine Bundeskanzlerin würde eines Tages unser schönes Land regieren – wäre sie dann wohl *Herr* oder eher *Herrin* der Lage? Ob sie sich auch dann noch als die gewiefteste aller *Parteisoldaten* (oder aller *Parteisoldatinnen*) erwiese? Gab es denn nicht schon vor Jahren eine Art Gemunkel, *das* (oder vielleicht auch *die*) ihr verdächtig vorkam? Doch zum Glück ist sie kein schwaches Weib, das zurückweicht, wenn *ihm* (oder *ihr?*) irgend jemand mit Unannehmlichkeiten droht! Nur den Leitartikler, der darüber schreiben soll, beschleichen Zweifel, wenn es um das grammatische Geschlecht geht.

Noch ärgere Fallen hält die Kongruenz bereit, wenn der Fall der Fälle eintritt: der Kasus. Als die vertriebenen Berliner Juden anno 1945 in New York miteinander redeten, waren das *Unterhaltungen deutscher Ausgewanderter* oder *Ausgewanderten?* Hundertfünfzig Jahre früher, »in jenen unglücklichen Tagen, welche für Deutschland, für Europa, ja für die übrigen Welt die traurigsten Folgen hatten«, hat Goethe sich für die zweite dieser Versionen entschieden. Aber auch im Alltag stehen wir oft vor einer solchen Wahl. Was zum Beispiel bringt man der Gastgeberin lieber mit, einen Strauß *rote* oder *roter* Rosen? Oder wie wäre es, wenn man einen Gemüsegarten besitzt, ihr einen Sack *neue* oder *neuer* Kartoffeln zu verehren? Was tut ein Junggeselle, der ungern Geld für neue Sachen ausgibt? Wirft er ein Paar *alte* Socken oder eher ein Paar *alter* Socken in die Waschmaschine? Wer tobt auf den Straßen? Sind es Tausende *wütende* oder Tausende *wütender* Fans, sind es gar Diplomaten *jeden* oder *jedes* Ranges, weil die eigene Mannschaft wieder einmal verloren hat? Mir als *unparteiischen* Beobachter ist das egal, nur würde ich lieber sagen: mir als *unparteiischem* Zuschauer. Aber das mag jeder halten, wie er will. Allerdings gibt es nichts Widerlicheres als einen *schlechten Verlierer*, auch wenn manche Standardwerke sich einbilden, es müsse heißen: als **ein schlechter Verlierer.* An einem Tag wie **jeder andere* fällt man leicht auf die Tücken der Kongruenz herein, wie dieses Beispiel zeigt. Denn wenn Sie mich fragen, kann so etwas nur an einem Tag wie *jedem anderen* passieren. Aber mich fragt ja keiner.

Es ist offenbar so, daß die Sprache zwar auf der Notwendigkeit der Kongruenz beharrt, daß sie sich hier wie in hundert anderen Fällen aber nicht entschieden hat, wie wir es damit halten sollen.

NIX GEWISSES WEISS MAN NICHT. Ach, der Konjunktiv! Mit dem habe man auch nichts als Scherereien! Diesen Stoßseufzer kann man von vielen Lektoren, Redakteuren, Deutschlehrern und Korrektoren hören. Wohl wahr; und doch fließen ein *hätte* hier und ein *wäre* dort den meisten von uns leicht von den Lippen.

Aber dann wird es kompliziert. Schon darüber, daß es im Deutschen zwei Konjunktive gibt, ist mancher ins Stolpern geraten. Ich kann mich noch an einen Lehrer erinnern, der uns einschärfte, es gäbe einen Konjunktiv der Gegenwart und einen der Vergangenheit; und wer wollte bestreiten, daß *könne* sich wie eine Präsensform anhört, *könnte* dagegen, als Ableitung von *konnte*, wie ein Präteritum. Aber so einfach ist die Sache leider nicht. *Ich könnte das erklären, wenn ich wollte*: ein solcher Satz hat mit der Vergangenheit nichts zu tun, und *es könnte sein*, daß die Grammatiker sich zu Recht auf eine weniger irreführende Bezeichnung geeinigt haben: sie sprechen nur noch von einem *Konjunktiv I* und *II*.

Damit fangen die Verwicklungen aber erst an. Wer es genau wissen wollte, müßte nicht nur herausfinden, was den *Optativ* vom *Irrealis* und den *Irrealis* vom *Potentialis* unterscheidet. Das ließe man sich ja noch gefallen. Aber dann! Mit dem realen Wunsch- und Finalsatz ist es nämlich keineswegs getan; dahinter lauern irreale Aussage-, Frage-, Wunsch-, Konditional- Konzessiv-, Exzeptiv-, Konsekutiv- und modale Relativsätze. Da würde mancher lieber gleich das Handtuch werfen, wenn er auf solche Spitzfindigkeiten angewiesen wäre. Aber wenn es Ärger gibt in der Familie, wenn die große Schwester es satt hat, die Launen des jüngeren Bruders zu ertragen, dann ist sie durchaus in der Lage, kräftig vom Leder zu ziehen, ohne daß sie sich in die Feinheiten der Grammatik vertiefen müßte. Etwa so:

Man muß unserem Bruder, diesem Kindskopf, wünschen, daß er endlich erwachsen werde. Gott sei Dank ist er kein Baby mehr. Möge er also Vernunft annehmen! Sicher hätten es die Eltern lieber gesehen, wenn er etwas gelernt hätte. An ihrer Stelle wäre ich längst ausgerastet. Aber er tut natürlich so, als sei ich an seinem Mißerfolg schuld. Fast wäre es soweit gekommen, daß ich ihm eine gewischt hätte. Mein Rezept lautet: Man verschreibe ihm täglich drei Löffel Lebertran und streiche ihm das Taschengeld. Das dürfte ihm zu denken geben. Aber selbst dann gäbe er vermutlich keine Ruhe, es sei denn, wir steckten ihn in ein Internat. Ich wollte, wir würden ihn endlich los. Schön wär's!

Allerdings, manchmal kommt einem der Konjunktiv doch nicht ganz geheuer vor. »Was hülfe es dem Menschen, wenn er die ganze Welt gewönne ...?« So biblisch drückt man sich nicht gerne aus. Der Konjunktiv II brilliert ja mit Formen wie *er büke, er schriee, er hülfe, er stöhle, er schölte, er spönne, stänke, grübe, mäße, schöre, mölke, kröche, sötte, klömme, söge, schnöbe,* und die sind selbst dort, wo wohlmeinende Ratgeber vom »gehobenen Stil« sprechen, im Aussterben begriffen.

Aber es gibt noch eine andere Sonderbarkeit der deutschen Konjugation, die immer wieder zu einer gewissen Unsicherheit im Umgang mit der Unsicherheit führt. Blöderweise ist nämlich der Konjunktiv vom Indikativ in vielen Fällen nicht zu unterscheiden. *Ich gehe* oder *sie gehen,* das kann eins wie das andere bedeuten. Nur in der dritten Person Singular ist klar, was gemeint ist: *er geht,* damit ist eine Tatsache, mit *er gehe* hingegen eine Möglichkeit gemeint. (Die Differenz zwischen *du gehst* und *du gehest* können wir getrost vergessen.) Das bringt den Konjunktiv Nummer eins noch weiter in die Klemme, und er rettet sich dadurch, daß er auf die Nummer zwei ausweicht: *Es sieht ganz so aus, als gingen sie am liebsten gleich miteinander ins Bett,* und nicht *als gehen sie miteinander ins Bett.*

Im Zweifelsfall liegt es nahe, die einfachste Lösung zu wählen, nämlich die berüchtigte Umschreibung mit *würde.* Die funktioniert immer. Nur: »Was würde es dem Menschen helfen, wenn er die ganze Welt gewinnen würde?« Er zöge sich zwar grammatikalisch aus der Affäre, aber elegant wäre dieser Ausweg nicht. *Würde*-lose Sätzen hören sich einfach würdevoller oder zumindest weniger bescheuert an.

Im übrigen gibt es für den, der den Konjunktiv scheut, tausend andere Möglichkeiten, Möglichkeiten, Hypothesen und Ungewißheiten aller Art auszudrücken. Dem Manne kann *geholfen* werden: *Der eine oder andere Trick soll dabei manchem geholfen haben. Er mag geholfen haben. Vielleicht hat er geholfen. Falls er geholfen hat ... Er wird schon geholfen haben. Kann sein, daß er geholfen hat. Er mochte geholfen haben, aber ... Er muß (wohl) geholfen haben. Mag sein, daß er geholfen hat. Ob er geholfen hat? Er muß offenbar geholfen haben. Er hat wohl doch geholfen. Auch wenn er geholfen hat ... Angeblich hat er geholfen. Geholfen hat er zwar, aber ... Obwohl er geholfen hat ... Schon möglich, daß er geholfen hat.*

Wir *bilden uns* jedenfalls *ein, hoffen, stellen fest, vermuten, glauben, nehmen an, unterstellen, sind sicher, sind überzeugt davon, bestreiten, schließen aus, können uns nicht vorstellen, weigern uns zu glauben, wollen nicht wahrhaben, geben zu, räumen ein, sind empört darüber, kommen nicht darüber hinweg, ahnen, sagen uns, verschweigen, wetten darauf, hoffen, leugnen, meinen, begrüßen es, mißbilligen es, freuen uns, reden uns ein, geben zu bedenken, behaupten, bauen darauf, befürchten, können es nicht fassen, sind uns darüber einig, bezweifeln, haben das Gefühl,* daß dem Mann geholfen werden kann.

Vielleicht gerade deswegen befürchten viele, denen er am Herzen liegt, daß dem Konjunktiv ein Platz auf der Roten Liste der bedrohten sprachlichen Mittel gebührt. Solche Alarmrufe, wie sie immer wieder aus besorgtem Pädagogenmund erschallen, sind nicht neu; sie gehören zum festen Repertoire der Sprachkritik. Einverstanden! Natürlich wäre es schade, wenn am Ende keiner mehr einen Satz mit *wüßte* zu formulieren wüßte – aber ich halte das für unwahrscheinlich.

Südlich des Mains hatte der Konjunktiv I übrigens schon immer schlechte Karten. Dort sagt kein Mensch: *Die Zeugin behauptet, ihr Chef habe sie gewatscht.* Wenn überhaupt, dann greift man auf den zweiten Konjunktiv zurück. Dann lautet die Aussage: *Sie behauptet, ihr Chef hätte sie gewatscht,* oder man hält sich lieber gleich ganz an den Indikativ. Dann *behauptet die Zeugin* schlicht und einfach, *ihr Chef hat sie gewatscht,* ohne daß dadurch alle Zweifel ausgeräumt wären.

Das heißt beileibe nicht, daß Österreicher oder Bayern auf die bloßen Fakten angewiesen wären. Sie verfügen sogar über Formen des Konjunktivs, die es im Hochdeutschen gar nicht gibt. *I daad mi gschàma,* könnte einer sagen, der sich schämen würde zu sagen: *Ich würde mich schämen.* Schwache Konjunktivformen wie *ich ginge* gibt es dort nur von ganz wenigen Verben wie *tun, haben, sein* und *können;* neben *i daad* sind das *i häd, i wàar* und *i kànd.* Alle andern bilden einen schwachen Konjunktiv II, und der lautet nicht *ich möchte, liefe, bliebe,* sondern *i mechad, i làffàd* und *i bleiwàd.* Er ermöglicht auch eine spezielle Form von Höflichkeit, die in Norddeutschland unbekannt ist. *I griàgad no a Halbe* – diese Bestellung läßt es als reine Gefälligkeit erscheinen, daß die Bedienung einem noch ein Bier bringt.

VOM HÖRENSAGEN. Nehmen wir an, ein Dichter wäre der Meinung, mit seinen Sinnen, wie mit Vögeln, reiche er in die windigen Himmel aus der Eiche, und in den abgebrochnen Tag der Teiche sinke, wie auf Fischen stehend, sein Gefühl. Um uns das mitzuteilen, würde er sicher lieber die direkte Rede wählen:

> Mit meinen Sinnen, wie mit Vögeln, reiche
> ich in die windigen Himmel aus der Eiche,
> und in den abgebrochnen Tag der Teiche
> sinkt, wie auf Fischen stehend, mein Gefühl.

Die indirekte ließe nämlich Zweifel aufkommen. Der Leser könnte den Eindruck gewinnen, als sei es nicht sicher, daß des Dichters Rilke Gefühl wirklich, wie auf Fischen stehend, in den Teich oder vielmehr in den Tag der Teiche sänke.

Das ist der Nachteil der indirekten Rede – und zugleich ihr Vorteil. Sie erlaubt es dem, der redet, sich von dem, was er berichtet, zu distanzieren. *Angeblich, dem Angeklagten zufolge, wie aus gewöhnlich gut unterrichteten Kreisen verlautet* – nicht einmal auf derartig problematische Quellen braucht sich die indirekte Rede zu berufen. Kein solcher Vorbehalt ist nötig. Der Konjunktiv genügt.

In einem seinerzeit weitverbreiteten Werk heißt es, in den Lenin-Trauertagen, auf dem II. Sowjetkongreß der UdSSR, habe Genosse Stalin im Namen der Partei den großen Schwur abgelegt: Sie, die Kommunisten seien Menschen von besonderem Schlage. Sie seien aus besonderem Material geformt. Sie seien diejenigen, die die Armee der großen proletarischen Strategen bildeten, die Armee der Genossen Lenins. Es gebe nicht Höheres als die Ehre, dieser Armee anzugehören.

Ob das stimmt? Der *Duden* behauptet, der Inhalt bleibe (im Wesentlichen) gleich, wenn man die direkte in die indirekte Rede umwandle. Das ist natürlich Unsinn. Die Gewißheit, von der das ZK der KPdSU durchdrungen ist, gerät ganz von selbst ins Wanken, sobald man ihr den Konjunktiv verpaßt. Dazu ist es allerdings nötig, daß man den Text gegen den Strich bürstet. Die Möglichkeitsform allein tut es nicht. Der Hauptsatz wird zum Nebensatz, und an die Stelle des Genossen-Wir tritt ein distanzierendes *sie*. Manchmal ändert sich bei dieser Operation sogar das Tempus. Nicht nur, wenn es um die Propaganda geht, können diese grammatischen Tricks gute Dienste leisten. Auch dort, wo sowieso klar ist, daß es sich um pure Fiktionen handelt, wird gern zu ihnen gegriffen. Es ist ein Unterschied, ob der Erzähler so vorgeht:

»Bist du verrückt?« fragte er aufgebracht. – »Was glaubst du denn, Egon«, gab ich zurück. »Du bildest dir wohl ein, daß du unwiderstehlich bist?«

Oder so:

Egon fragte mich, ob ich verrückt geworden sei. Was er denn glaube, erwiderte ich. Ob er sich am Ende einbilde, daß er unwiderstehlich sei?

Im ersten Fall rückt uns die aufgebrachte Erzählerin näher auf den Leib; in der zweiten Version läßt sie uns eher in Ruhe. Es gibt aber auch noch eine andere Möglichkeit, dieselbe Szene zu erzählen, nämlich die erlebte Rede. Sie kommt ohne den Konjunktiv aus. Dabei nimmt die Distanz noch weiter ab. Der Romancier fühlt sich gewissermaßen in seine Figur ein, beobachtet sie aber doch immer noch von außen:

Der Kerl kommt rein, schaut sie an, ist wütend. Hält die Frau für verrückt. Selber nicht ganz dicht, der Mann. Bildet sich weiß Gott was ein, dieser Egon, nur weil sie damals ... Und jetzt will sie nicht!

Von hier aus ist es nur noch ein kleiner Schritt bis zum inneren Monolog. In diesem Fall zählt allein die Innenperspektive. Es ist die Heldin, die hier das Wort führt:

Ach ja, der Egon. Den hätte ich mir ersparen können. Wenn einer schon Egon heißt! Möcht mal wissen, wer von uns beiden der Verrücktere ist. Bei der Hitze reinkommen, und dann will er gleich wieder. So wie damals. Aber nicht mit mir!

Bizarr! Ein innerer Monolog, der aber von außen beobachtet wird; eine erlebte Rede, die der Autor nicht erlebt hat, und eine indirekte, der niemand so recht über den Weg traut! So lassen wir uns mit Vergnügen von der Grammatik aufs Glatteis führen.

Fünfte Runde

SEIN ODER NICHT SEIN … Einer, der sich bei jedem Schritt, den er tut, überlegen wollte, wie er es fertigbringt, einen Fuß vor den andern zu setzen, ohne das Gleichgewicht zu verlieren, geriete unfehlbar ins Stolpern. Deshalb vermeiden wir es gewöhnlich, das Wort *sein* genauer ins Auge zu fassen, und lassen es lieber, ohne zu stutzen, in jeden zweiten Satz einfließen, den wir hervorbringen. Das gilt natürlich nur für diejenigen unter uns, die keine Philosophen und deshalb kaum versucht sind, zwischen realem und idealem Sein, *existentia* und *essentia*, zwischen dem *Sein* und dem *Seyn*, dem *Da-*, dem *So-*, und dem *In-der-Welt-Sein* mit hinreichender Präzision zu unterscheiden. »Warum ist überhaupt etwas und nicht vielmehr nichts?« – diese Frage, an der vor allem das Wort *vielmehr* zu denken gibt, kann unsereiner kaum beantworten. Wenig helfen uns dabei auch Auskünfte aus dem *Philosophischen Wörterbuch* wie die folgende: »Sein ist das Seiende, insofern es Seiendes ist, oder das Seiende als solches in seiner Seiendheit.« Selbst der Meister bietet uns keinen Trost, wenn er sagt: »Dieses ›Daß es ist‹ nennen wir die Geworfenheit dieses Seienden in sein Da, so zwar, daß es als In-der-Welt-sein das Da ist.« Tja, sagt Schopenhauer dazu, »bei gewissen Worten, wie da sind […] das Gute, das Seyn (dieser nichtssagende Infinitiv der Kopula) […] wird dem Deutschen ganz schwindlich«. Ein Maori hingegen müßte passen, wenn er Heidegger zu übersetzen hätte, denn das Wort *sein* gibt es in seiner Sprache nicht. Wir können nur hoffen, daß er nie in die Verlegenheit kommt, sich in Deutschland zu habilitieren.

Schrauben also auch wir unsere intellektuellen Ansprüche zurück und beschränken uns auf unser *Verbum simplex*! Dabei stellt sich zunächst heraus, daß es, wie die meisten unentbehrlichen Verben, in keiner regelmäßigen Konjugationstabelle Platz nimmt, sondern allerlei regelwidrigen Schabernack mit uns treibt. Im Deutschen wie in allen germanischen Sprachen leitet es seine Formen von drei verschiedenen Wurzeln ab, die, mit dem üblichen indogermanischen Sternchen versehen, so lauten: **es-*, **bheu-* und **ṷes*. Ich glaube unbesehen, daß daraus alle drei *Seins*-Sippschaften entsprungen sind: die *bin-* und *bist-*, die *war-*, *wäre-*, *gewesen-* und *geworden-*, die *sein-*, *seid-* und *sind*-Familie.

Ähnliche Extravaganzen, die brutal auswendig gelernt werden müssen, leistet sich das Äquivalent zu *sein* in fast allen Sprachen. Hier sind die gefürchteten Konjugationstabellen unentbehrlich. Den Spaniern stehen sogar zwei verschiedene Verben zu Gebote, *ser* und *estar*, je nachdem, ob jemand oder etwas nur zufällig oder vorläufig oder aber dauerhaft und dem Wesen nach *ist*. Natürlich bestehen beide Verben auf ihrer eigenen idiosynkratischen Flexion.

Man könnte glauben, daß die Russen es leichter haben. Sie können nämlich in vielen Fällen ganz ohne *sein* auskommen: Peter ist bei ihnen, ganz ohne *ist*, besoffen: *Pjëtr – p'jan*, das genügt. Aber dafür treibt das Verb *byt'* allerhand andere Blüten: eine kleine Erweiterung, und schon wird *byvat'* daraus, und das heißt ungefähr soviel wie »zu sein pflegen« oder »sich ereignen«; die 3. Person Singular der Zukunft, *budet*, eigentlich »es wird sein«, kann auch bedeuten: »Jetzt reicht's! Schluß damit!« Und so weiter! Schon weil mein Russisch äußerst mangelhaft ist, folge ich dieser Aufforderung gerne und bleibe lieber beim Deutschen.

Also im Ernst: *sein* ist, wie jedermann weiß, 1. ein *Verbum substantivum*, also ein Vollverb, das sozusagen aus eigener Kraft soviel wie »existieren« bedeutet. Der Satz *Gott ist* läßt in dieser Hinsicht keinen Zweifel zu. 2. dient es als Kopula zwischen Subjekt und Prädikat, wie in der unübertroffenen göttlichen Tautologie *Ich bin der ich bin*, profaner, wenn jemand sagt *Ich bin der Verfasser, Ich bin*

selber schuld, Ich bin zu Hause usw.; und 3. fungiert es als Hilfsverb zur Bildung einiger Vergangenheits- und Möglichkeitsformen:
*Sie sind an dieses Buch geraten, Sie waren nicht überzeugt, Sie
wären lieber in die Disko gegangen* und so fort. Bis dahin ist die Sache sonnenklar.

Ja, wenn es nur so einfach wäre! Doch allein schon Gerhard Wah-
rigs *Deutsches Wörterbuch* führt die folgenden Bedeutungen an:
»existieren, vorhanden sein, bestehen; stattfinden, geschehen; sich
(an einem Ort) befinden, aufhalten; sich in einem bestimmten Zustand befinden, geartet sein; stammen (aus); meinen, glauben; aus-
machen, bilden; vorstellen, darstellen; gehören, zugehörig sein.«
Ein bißchen viel auf einmal! Und auch die klassische Einteilung, 1.,
2., 3. (siehe oben) hilft dort, wo das kleine Wörtchen Purzelbäume
schlägt, nicht immer weiter.

Es grenzt an eine Denksportaufgabe, die zahllosen Fügungen, in
denen unser *sein* vorkommt, grammatisch sauber herauszupräpa-
rieren. Wer dazu Lust hat, der möge es an der folgenden kleinen
Auswahl versuchen:

*Mir ist nicht danach. Es ist mir recht, egal, ernst. Dem ist nicht zu
trauen. Das ist mir zu dumm. Mir ist so wohl, so übel. Mir ist, als
hätte ich kein Auge zugetan. Dem ist zuzustimmen. Du bist mir der
Rechte! Sie ist mir böse. Mir ist es nicht darum zu tun. Dem ist so*
(wem eigentlich?).
Es geht aber auch mit dem Genitiv: *Da ist man ja seines Lebens
nicht mehr sicher. Hier ist unseres Bleibens nicht länger. Wir sind
anderer Meinung. Wir sind guter Dinge.*
Oder mit dem Konjunktiv: *Sei so gut! Gott sei Dank! Es sei
denn ..., Sei es, daß ..., oder daß ... Gegrüßet seist du, Maria. Sei
doch nicht so!* (wie denn?) *Sei's drum!* (Warum oder um was
eigentlich?) *Wenn ich du wäre ... Das wäre ja gelacht! Das wäre
ja noch schöner!*
Lakonisch: *Zeit ist Geld. Da ist was dran. Dienst ist Dienst. Das ist*

es ja gerade! Hin ist hin. Das kann schon sein. Das ist nicht ohne (ohne was?).

Ablehnend: *Das will ein Künstler sein! Mit dem ist es nicht weit her. Damit ist uns nicht gedient. Laß es gut sein! Hinterher will es wieder keiner gewesen sein.*

In eigener Sache: *Ich bin es leid. Ich bin hinter ihr her. Ich bin doch nicht von gestern! Ich bin schließlich keine dreißig mehr. Ich bin außer mir.*

Das *ist* natürlich bei weitem nicht alles. Jetzt *ist* es an Ihnen, sich weiter den Kopf über *sein* und *Sein* zu zerbrechen ...

{ . . . . }

WIRD SCHON WERDEN. Ein anderes Wort, über das wir selten nachdenken, gerade weil wir es dauernd brauchen: *werden, wird, geworden.* (Die unentbehrlichsten Wörter sind zugleich die unscheinbarsten.) Anno 1960 ist der letzte Band des *Grimmschen Wörterbuchs* erschienen. Er trägt die Nummer XIV/I,2. Herr Professor Johannes Erben hat dort fünfundzwanzig engbedruckte Spalten lang über das Wort *werden* nachgegrübelt und dabei *werden I* sorgfältig unterschieden von *werden II, III* und *IV.* Jede dieser Abteilungen hat weitere Unterabteilungen, so daß man unter *werden III werden III.A., werden III.B.* und *werden III.C.* finden kann. *Werden III.C.* wiederum teilt sich in *III.C.1.* bis *III.C.3.*, und damit nicht genug, denn innerhalb von *III.C.1.* gibt es weitere Zellteilungen wie *III.C.1.a, III.C.1.a.α* und *III.C.1.β.αα.* Wir drücken Professor Erben unsere Bewunderung aus, beteuern aber, daß wir nicht so weit gehen wollen wie er.

Die Grundbedeutung von *werden,* sagen die Etymologen, sei: »entstehen, geschehen, sich ereignen«. Wenn man dem Wort die Wurzel ziehe, komme man darauf, daß es mit »drehen, wenden, biegen« zu tun habe. Ein Rest von diesem ursprünglichen Sinn, heißt es, stecke in der Endung -wärts, egal ob es nun vor- oder rückwärts geht.

Vorwärts geht es hoffentlich in die Zukunft; vielleicht haben wir uns im Deutschen deshalb angewöhnt, das Futur auf so umständliche Weise mit Hilfe von *werden* auszudrücken. Da haben es andere Sprachen leichter: *Que serà serà* heißt auf deutsch, wenn man's wörtlich übersetzt: »Was sein wird, wird sein.« Unsren Verben fehlt eben eine einfache Zukunftsform. Aber weil wir es leid sind, uns von den Regeln der Grammatik schurigeln zu lassen, haben wir allerhand Tricks erfunden, um das Futurum auf simplere Weise auszudrücken. Wir sagen: *Der nächste Regen kommt bestimmt. – Bald ist Weihnachten. – Ich bin gleich wieder da. – Wir sehen uns am Dienstag. – Wenn du so weitermachst, verlasse ich dich.*

Umgekehrt gibt es Sätze mit *werden*, die eigentlich etwas Gegenwärtiges ausdrücken: *Er wird sicher schon längst auf uns warten. – Du wirst doch nicht so dumm sein und dich darauf einlassen. – Dir werde ich's zeigen! – Wer wird denn gleich ausrasten! – Er wird schon wissen, was er tut.* – Das sind eher Vermutungen, Drohungen, Abmahnungen als Aussagen über zukünftige Ereignisse.

Eine ziemlich überflüssige Komplikation ist das sogenannte Futur II. Nur weil eine solche Form im Lateinischen existiert, macht man uns in der Schule weis, daß wir sie auch im Deutschen bräuchten. Kaum jemand wird aber sagen: *In einem Jahr wird er bestraft worden sein*, oder: *Morgen werde ich eine Flasche Buttermilch gekauft haben.*

Werden ist allerdings nicht allein ein Kuli der Grammatik, dazu verdammt, ewig anderen Verben über die Runden zu helfen. Das unscheinbare Wort hat seine eigene Bedeutung, und die ist nicht bescheiden, sondern geradezu gebieterisch. So, wenn es heißt: *Es werde Licht!*, oder: *Stirb und werde!* Einen doppelten Auftritt als Hilfsverb und aus eigener Kraft legt unser Wörtchen auch in dem schlichten Satz *Es wird schon werden* hin, und zwar kann es *ernst*, *dunkel, spät,* aber auch *Winter* oder *Abend werden.* Pläne *werden zuschanden* oder *zunichte,* Menschen hingegen *Minister* oder *Mutter, kriminell* oder *siebzig, verrückt* oder *dick.* Gewisse Zufälle stoßen ihnen im Dativ zu: es *wird* ihnen *schlecht* oder *langweilig,* sie *werden sich einig;* andere verlangen den Akkusativ, dann *wird er ihr untreu,* und *sie wird ihn los.*

Dabei könnte es sein Bewenden haben, wenn das Wörtchen *wenn* nicht wäre. Dann nämlich, wenn es um Bedingungen, Hypothesen, Voraussetzungen geht, erhebt der Konditional sein Haupt, und es sieht ganz so aus, als würde das einiges ändern. *Werden* wir das auf sich beruhen lassen? Wir *würden* vielleicht gut daran tun, an anderer Stelle auf diese Frage zurückzukommen.

LERNE LEIDEN, OHNE ZU KLAGEN. Die Hilfsverben sind die Lasttiere der Grammatik. Dem unscheinbaren Wort *werden* werden (!) nicht nur die Zukunft und der Konjunktiv II aufgebürdet, es muß auch noch fürs Passiv geradestehen, weil uns dafür ebenfalls eine eigene Form fehlt. Das kann ganz schön lästig sein. *Sie werden benachrichtigt werden* – das klingt nicht gerade entgegenkommend, und deshalb vermeiden wir das Passiv, wo es entbehrlich ist, und schreiben lieber: *Wir werden Sie benachrichtigen.* Daß alle Bürokraten die unpersönliche Form bevorzugen, ist natürlich kein Zufall. Auf diese Weise entledigt sich der Absender jeder Verantwortung; er haftet nicht für das, was er schreibt. Er handelt nur i. A. Der wahre Urheber der Mitteilung ist ein Anonymus: die Behörde, die Verwaltung, der Staat.

Aber auch die Macht hat Grenzen, wo es um die Grammatik geht. Nicht mit allen Verben läßt sich ein Passiv bilden. Nicht einmal in einem Bußgeldbescheid wird man lesen: **Von Ihnen wird ein Kraftfahrzeug besessen,* oder: **Es wird von Ihnen gewußt, daß Sie das Halteverbot übertreten haben.* Darüber kann der Beschuldigte zwar den Kopf schütteln, aber das heißt noch lange nicht, daß **der Kopf von ihm geschüttelt wird.* Solche Sätze klingen ziemlich bescheuert, womit aber nicht gesagt ist, daß *von ihnen bescheuert geklungen wird. Und so weiter. Noch weniger funktioniert das Passiv, wenn ein reflexives Verb zugrunde liegt. Da sträubt sich das Sprachgefühl, ohne daß *es gesträubt worden wäre. Damit wollen wir uns begnügen, auch wenn uns keineswegs damit *begnügt worden ist.

Eine ganz besondere Extravaganz leistet sich die Passivform dort, wo sie hinterrücks zum Imperativ wird. Wo einer Wird's bald! brüllt, ist der Kommandoton nicht zu überhören: Hier wird nicht geraucht! – Jetzt wird geschlafen! Auch in diesen Fällen zeigt sich, wie wenig die Sprache von der Logik hält; denn daß ein Befehl die Form der Passivität annimmt, ist doch eigentlich ganz widersinnig.

Andere Sprachen tun sich leichter mit dem Passiv als das Deutsche. Das Latein beispielsweise verfügt über eigene Flexionsformen des Verbs, die es ermöglichen, ohne umständliche Hilfskonstruktionen vom aktiven in den passiven Modus zu wechseln. Noch bequemer machen es sich die skandinavischen Sprachen. Statt der Umschreibung mit werden hängen sie einfach ein kleines s an das Verbum. So wird aus norwegisch be, »bitten«, bes, »wird gebeten«. Das kleine s ist die Schwundform eines Reflexivpronomens, das dem deutschen sich entspricht. Man könnte also bes auch übersetzen mit »es bittet sich« oder mit »man bittet«.

SOLL UND HABEN. Etwas schulden, etwas schuldig sein – das soll die Grundbedeutung von sollen sein. Aber damit hat es eine eigentümliche Bewandtnis; denn ursprünglich war der Mensch wohl eher höheren Mächten etwas schuldig – siehe die Zehn Gebote. Dann aber franst die Bedeutung aus: von der Theologie zur Moral, von der Moral zur Buchhaltung und von der Schuld zu den Schulden. Dabei geht es dann nicht mehr um das Gewissen, sondern ums Geld, um Soll und Haben.

Wie alle Hilfsverben ist auch sollen im Lauf seiner Geschichte zu einem geduldigen Lastesel mutiert, der viel grammatisches und semantisches Gepäck schleppen kann. Oder sagen wir lieber: die *Modalverben* gleichen eher einem Chamäleon, das die Farbe seiner Umgebung annimmt. Sie selber bedeuten eigentlich nur wenig; die zahllosen Nuancen, die sie ausdrücken, hängen von dem Kontext ab, in dem sie erscheinen. Der ursprüngliche Sinn des Verbs schimmert dabei oft nur noch schwach durch:

Der Teufel soll ihn holen! Da dient *sollen* dem Fluch, der Verwünschung.

Er soll behauptet haben, daß ... Man weiß es nur aus zweiter Hand.

Sollten Sie keine Lust haben, so ... Da beugt jemand vorsichtig einer Ablehnung vor.

Na schön, du sollst recht haben. Man räumt dem andern etwas ein.

Es soll nicht wieder vorkommen. Man verspricht etwas.

Das soll ich sein? Man erkennt sich auf dem Photo nicht wieder.

Sollte er das wirklich gesagt haben? Man zweifelt, man kann es kaum glauben.

Wem soll man da noch glauben? Man begründet seine Skepsis.

Woher soll ich das wissen? Man weist eine Frage zurück.

Das solltest du lieber nicht tun! Eine milde Ermahnung.

Was soll ich hier? Man fühlt sich überflüssig.

Es hat nicht sollen sein. Man resigniert.

Das sollte ich mir gefallen lassen? Man ist empört.

Was soll ich nur machen? Man ist ratlos.

Gott soll schützen! Man ist erschrocken, aber nicht ohne Gottvertrauen.

Du sollst wissen, daß ... Ein anderer wird eingeweiht.

Das soll mir recht sein. Man stimmt einem Vorschlag zu.

Was soll's? Man zuckt mit den Achseln.

Mit so einfachen Deutungen geben sich die Linguisten natürlich nicht zufrieden; sie unterscheiden fein säuberlich zwischen a) der *alethischen* (Möglichkeit, Notwendigkeit), b) der *deontischen* (Erlaubnis und Befehl) und c) der *epistemischen* Verwendung (Vermutung, Gewißheit). Ein Leser, der sich das nicht merken kann oder will, hat das volle Verständnis des Verfassers.

Die nächsten Verwandten von *sollen* im Englischen und in den skandinavischen Sprachen übernehmen übrigens noch ganz andere Aufgaben. *Shall* und *skal(l)* sind nicht nur für Pflichten und Schuldigkeiten zuständig, sie haben auch noch das Futurum übernommen. Aber das ist eine andere Geschichte.

MACHENSCHAFTEN. Auch so ein schlichtes Verb wie *machen* blickt reichlich seltsam zurück, je genauer man es betrachtet. Die Forscher führen es auf eine Wurzel **mağ* zurück, von der es heißt, sie bedeute soviel wie »(Lehm) kneten oder formen«. Das würde immerhin gut zur biblischen Erzählung passen: »Vnd Gott der HERR machet den Menschen aus dem Erdenklos.« (Genesis 2, 7) Aber es dauerte wohl nicht lange, da machte sich das Wort *machen* von seiner eigentlichen Bedeutung (»etwas herstellen oder bewirken«) los, und die Menschen fingen an, *Eindruck, Mist, Abitur, Heu, Fortschritte, Gefangene, Fehler, Reisen, Licht, Verbeugungen, Holz, Spaziergänge, Musik, Besuche, Schulden, Geschäfte, Krach, Testamente, Spaß, Betten, Beute, Feuer, Kinder* und *Musik zu machen*, ferner *lange Zähne, große Augen*, dem oder jenem *ein Ende*, hie und da *ein Theater*, aber auch *gute Miene zum bösen Spiel* und nur im äußersten Notfall *in die Hose* oder *ins Bett*. Sie *machten* unentwegt *geltend, glauben, mobil*, und oft erst dann, wenn es zu spät war, *kehrt*.

Reflexiv *machten* sie *sich Gedanken, Feinde, Hoffnungen* und *Sorgen, machten sich bemerkbar, wichtig, nützlich, schön, zu schaffen* oder *auf und davon, aus dem Staub, auf allerlei gefaßt, allerhand zu eigen, an die Arbeit* und gelegentlich auch *zum Narren*.

Mit dem Dativ *machten* sie früher einander nicht nur *den Hof*, sondern auch *Ehre* oder *Schande*. Heutzutage *macht* man einander eher *Beine, Angst, Vorwürfe, Mut, Platz, Kummer,* manches *klar,* aber auch *etwas weis;* mit dem Akkusativ hingegen *macht* man jemanden *schlecht, glücklich, irre, fertig, lächerlich, nieder, neugierig, betrunken* oder *krank,* wenn nicht gar *um einen Kopf kürzer* oder *zum Vortragenden Legationsrat 1. Klasse.* Davon wird dann gewöhnlich *viel Aufhebens gemacht.*

Auch daß ETWAS NICHTS *machen* kann, zählt zu den metaphysischen Kapricen der Sprache, gegen die eben *nichts zu machen* ist.

Wir wollen uns die Sache jedoch *leicht,* wollen *halblang* oder, noch besser, *es kurz machen,* und verzichten darauf, zu untersuchen, was man alles *mit-, vor-, aus-, ab-, zu-, auf-, vor-, nach-* und *durchmachen* müßte, wollte man die Möglichkeiten eines Verbs ausschöpfen, das buchstäblich vor nichts *haltmacht.*

Auch nicht vor der banalsten aller Liebesgeschichten, die sich etwa so anhören könnte:

Er macht sich, er macht sie an, sie aber macht sich Illusionen, macht sich an ihn ran, Liebe macht blind, Gelegenheit macht Diebe, eins und eins macht zwei, er macht an ihr rum, macht es ihr, sie läßt es mit sich machen, es macht ihr nichts aus, das macht sich ganz von allein, sie macht sich nicht viel aus ihm, und er, er macht, daß er verschwindet.

SCHON MÖGLICH. Das Wort *mögen* hat auch nicht immer das bedeutet, was wir heute darunter verstehen. Es ist stammverwandt mit *Macht.* Sein ursprünglicher Sinn kommt dem *Können* nahe; er hat sich in dem Wort *vermögen* erhalten. Das Hilfsverbum hat diese Bedeutung längst abgestreift und dafür alle möglichen anderen Aufgaben übernommen. Übrigens verstecken sich im *mögen* zwei inzwischen separate Hilfsverben. Das eine verfügt, neben dem Infinitiv, über alle Flexionsformen: *ich mag, ich mochte, ich habe gemocht,* während das andere nur den Indikativ Präsens besitzt: *möchte(n),* aber weder ein Präteritum, noch ein Partizip und nicht einmal einen Infinitiv. Tatsächlich ist es nichts anderes als der Konjunktiv II des vollständigen *mögen,* den es dafür einfach nicht mehr gibt. Seitdem konkurrieren *mag* und *möchte* miteinander, und wie dieser Wettstreit ausgehen könnte, erklären die Gelehrten mit ein paar ihrer beliebten Fachausdrücke: *mögen* drückt eher eine *epistemische*, *möchte* vornehmlich eine *deontische*, genauer, eine *optativische* Möglichkeit aus. Heureka!

Wir dagegen begnügen uns mit einer schlichten Liste:

Vermutung, Ungewißheit: *Wer mag das getan haben?*
Schätzung: *Er mag ungefähr dreißig Jahre alt sein.*
Zugeständnis: *Du magst dich noch so ungeschickt anstellen, trotzdem wirst du ... Mag sein, daß er recht hat. Er mochte es zwar versprochen haben, aber ...*
Erlaubnis: *Meinetwegen mögen Sie das halten, wie Sie wollen.*
Ablehnung: *Ich möchte lieber nicht mitfahren.*
Wunsch: *Wir möchten wissen, was hier los ist. Möge Ihnen all das, was Sie vorhaben, gelingen!*

Das sind nur ein paar Beispiele dafür, was sich ein simples Hilfsverb alles aufladen kann. Wenn es für sich allein dasteht, nimmt es hingegen eine ganz eindeutige, schlichte Bedeutung an: *Ich mag dich –* ein solcher Satz kommt ohne grammatische Komplikationen aus. Die Sprachforscher haben übrigens herausgefunden, daß dieser Gebrauch von *mögen* sich sozusagen durch die Hintertür eingeschlichen hat, nämlich auf dem Umweg über die Negation: *Ich mag dich nicht*, oder: *Ich mag keinen Fisch –* das soll ursprünglich soviel geheißen haben wie: *Ich kann den Fisch nicht (leiden, herunterwürgen)*; in solchen Formulierungen schimmert die ursprüngliche Bedeutung von *mögen = können* durch.

KANN SEIN, KANN AUCH NICHT SEIN. Wie sieht es mit dem nächsten Chamäleon aus? Was für schillernde Farben kann es annehmen? Auch mit dem *Können* hat es eine ganz besondere, kuriose Bewandtnis. Ebenso, wie *mögen* in grauer Vorzeit soviel wie *kön-*

nen bedeutete, so hieß *können* einst soviel wie *wissen, kennen, erkennen*. Auch von dieser ursprünglichen Bedeutung haben sich allerhand Ableger und Restbestände erhalten; denn Wörter wie *Kunde* und *Kunst* gehören zu seiner Verwandtschaft; *Kunst* kommt eben tatsächlich von *Können*, selbst wenn das den *Nichtskönnern* ein Dorn im Auge ist. Auch reden wir heute noch von *Kundgebungen*, und davon, daß etwas *kundgetan* wird. In der Redewendung *kund und zu wissen* drückt sich dieser Zusammenhang sogar ganz direkt aus.

Auch in anderen Fügungen geht es immerhin noch darum, ob einer etwas weiß oder nicht: *Kannst du Englisch? – Er kann Schillers »Glocke« auswendig!* Und statt *Ich kann mir nicht helfen* könnte man genausogut sagen: *Ich weiß mir nicht zu helfen*.

Überhaupt kommen viele Sätze mit *können* ganz ohne einen Könner aus, der zu etwas imstande wäre. *Daran kann der Patient sterben –* eine besondere Fähigkeit ist dazu nicht erforderlich. Die bloße Möglichkeit genügt: *Könntest du heute nachmittag vorbeikommen? Das kann schon sein, aber es kann dauern.* Umgekehrt bedeutet *nicht können* oft die schiere Unmöglichkeit: *So kann es auf keinen Fall weitergehen.* Noch schlimmer: *Wie konntest du nur so blöd sein?* In dieser Frage geht es gerade nicht um die Kompetenz des Gefragten, sondern um seine Unfähigkeit.

Er kann nicht umhin heißt dagegen soviel wie *er muß*; der Grundgedanke ist bei dieser Wendung wahrscheinlich: *er kann nichts dagegen machen*, und wenn das so ist, dann *kann er eben nichts dafür*.

Wie die meisten Hilfsverben ist *können* ein Chamäleon, (fast) ein Alleskönner. Hier sollen ein paar seiner Verwandlungstricks genügen:

Erlaubnis: *Du kannst meinetwegen schlafen, solange du willst.* (Du kannst = du darfst.)
Beteuerung: *Das kannst du mir glauben!*
Bekenntnis: *Hier stehe ich, ich kann nicht anders.*

Vermutung: *Er könnte sich ja geirrt haben.*
Entschuldigung: *Das konnte ich nicht wissen!*

Und was für ein *Können* liegt bei dem vor, der seinen Bruder *nicht leiden*, und der *es nicht lassen kann*, ihn zu ärgern, vielleicht, weil er einfach nicht *aus sich herauskann?*

Wir haben uns wirklich Mühe gegeben und, so gut wir *konnten*, versucht, diesem Wort auf die Schliche zu kommen, aber nun *können* wir einfach nicht mehr.

DAS DARF DOCH NICHT WAHR SEIN! Mit seinen großmächtigen Brüdern *können, sollen, wollen* verglichen, spielt *dürfen* eine eher bescheidene Rolle. Sogar *mögen* kann mit einem reicheren Bedeutungs- und Anwendungsfächer aufwarten. Wir wissen natürlich, was hauptsächlich gemeint ist, wenn wir an ein paar entferntere Vettern wie *dürftig* und *Bedürfnis* denken. Vielleicht gehört sogar *darben* zur Verwandtschaft?

Aber auch hier steckt der Teufel im Detail. Denn auf der Suche nach der Grundbedeutung stellt sich heraus, daß einerseits so etwas wie *bedürftig sein* zugrunde liegt, andererseits aber das genaue Gegenteil, nämlich *sich sättigen, genießen, befriedigt werden.* Wieder einmal wird der Logik ein Schnippchen geschlagen. Die Zweideutigkeit von *dürfen* hat sich bis heute im Sprachgebrauch gehalten: *Wer den Schaden hat, darf für den Spott nicht sorgen.* Hier bedeutet *dürfen* soviel wie *brauchen, nötig haben.* Wer hingegen fragt, ob er *die letzte Flasche austrinken darf*, der hat es gewöhnlich durchaus nicht nötig; er fragt einfach um Erlaubnis.

Um Befugnis und Genehmigung geht es meistens, aber nicht immer: *Das darf ich wohl behaupten.* Denn kaum kommt der zweite Konjunktiv ins Spiel, gerät diese Grundbedeutung ins Wanken. Unsicherheit macht sich breit: *Das dürfte wohl stimmen* heißt ja nur, daß es damit wahrscheinlich, vielleicht, vermutlich seine Richtigkeit hat; es könnte zwar so sein, muß aber nicht. Immerhin *dürfte,* wer so redet, großen Wert auf Höflichkeit legen. Insofern schimmert dabei die unausgesprochene Bitte um Erlaubnis durch: *Dürfte ich vielleicht um ein Glas Wasser bitten?*

WAS MUSS ICH HÖREN? Man sollte es nicht für möglich halten, aber es gibt kaum ein Hilfsverb, bei dem feststünde, was es, für sich allein betrachtet, eigentlich bedeutet. Auch bei *müssen* herrscht ein unglaubliches Durcheinander. Dieses Wort, von dem man meinen sollte, es wäre klar, worauf es hinauswill, nämlich auf Zwang, Notwendigkeit, unfreiwilliges Handeln, geht nach Auskunft der Gelehrten auf ein althochdeutsches **muoʒan* zurück, und dreimal dürfen Sie raten, was das heißt: »in der Lage sein, können, mögen, dürfen« – also genau das Umgekehrte! Das ist schon ein starkes Stück. *Muß* einer nicht gerade dann *müssen*, wenn er *nicht mag*, wenn er *nicht* tun *darf*, was er will, wenn er *nicht* anders *kann*, wenn er *nicht* in der Lage ist, zu wählen? Wie zum Teufel kann aus *dürfen* so ganz still und heimlich *müssen* werden, einfach dadurch, daß ein schlichtes Verb seine Bedeutung auf den Kopf stellt?

Ich weiß es nicht, aber ich möchte wetten, daß sich diese Umkehrung durch verneinende Sätze eingeschlichen hat. *Du mußt nicht glauben, daß ich deinen Geburtstag vergessen habe*: hier bedeutet *müssen* keinen Zwang; es besagt soviel wie *sollen* oder *dürfen*, womit wir wieder beim Ausgangspunkt angelangt wären. Ähnlich fungiert auch das englische *must*: *You must not smoke on the plane* heißt: Sie dürfen im Flugzeug nicht rauchen.

Im allgemeinen überwiegt natürlich die brutale Bedeutung: *Wir müssen alle Geld verdienen; der Angeklagte muß ins Gefängnis.* Das geht auch ohne Angabe dessen, wozu man gezwungen ist, im absoluten Sinn: *Wat mutt, dat mutt*, oder umgekehrt: *Kein Mensch muß müssen.* Auch ohne nähere Erklärung weiß die Kindergärtnerin, was es heißt, wenn eines ihrer Anbefohlenen mal *muß.* Oder es ist von einer notwendigen Annahme die Rede, von einem logischen Zwang: *Bei dieser Gleichung muß $x = 2ab + y$ herauskommen.*

Aber auch das ist nicht immer sicher! *Er muß wohl besoffen gewesen sein* ist eine bloße Vermutung; *ich müßte lügen, wenn ich behaupten wollte* ... ist ein schwaches Dementi; *da muß ich mich aber wundern* ist keineswegs eine logische Notwendigkeit, *es müßte denn sein*, daß es sich um jemanden handelt, der gar nicht anders kann, als sich andauernd zu wundern. *Was muß ich hören?* sagt einer, der einfach nicht hören will. *Warum mußtest du ausgerechnet jetzt kommen?* bedeutet nicht, daß dem Gast nichts anderes übrigblieb, sondern nur, daß er nicht willkommen ist. Und so weiter. Diese Beispiele *müssen* uns genügen!

DAS WILL ICH MEINEN. Auch mit dem letzten Hilfszeitwort geraten wir in ein wahres Labyrinth von Bedeutungen und Nuancen. *Wollen* ist verwandt mit *wohl*, mit *Willen* und wahrscheinlich auch mit *wählen*. Und was wir damit ausdrücken *wollen*, liegt scheinbar auf der Hand, nämlich *wünschen, begehren, fordern* und *streben*, auch *geneigt* oder *entschlossen sein*.

Das ist leicht gesagt. Aber es paßt nicht immer. Natürlich ist es unproblematisch, zu sagen, daß einer unbedingt *berühmt werden will*, oder daß irgendein Politiker nur *unser Bestes wollte*. Aber leicht gerät der gute Wille zum bloßen Stoßseufzer: *Ich wollte, du wärst hier*, oder: *Wollte Gott, daß* ... Noch schwächer hört es sich an, wenn einer sagt: *Ich wollte wetten, daß dein Buch ein Bestseller wird*. Er wollte nur, aber er will nicht. Er sagt es wohl nur aus Höflichkeit, so wie ein anderer vielleicht fragt: *Wollen Sie nicht Platz nehmen?* Vielleicht will der Gast gar nicht.

Manchmal heißt *wollen* auch nur *verlangen* oder *brauchen: Gut Ding will gute Weile haben*. Oder es bleibt bei einer bloßen Beteuerung: *Ich will verdammt sein, wenn* ... Daß der Sprecher tatsächlich begehrt, zur Hölle zu fahren, ist aber keineswegs ausgemacht. Oft ist der gute Wille auch nur eine Ausrede: *Ich will ja nichts gesagt haben* ... Meistens hat er aber etwas gesagt, und nun *will er nichts mehr davon wissen*. Er behauptet einfach: *Das will nichts heißen*, oder: *Es will mir scheinen*, daß die Sache sich ganz anders verhält. Wer oder was dies *will*, ist allerdings nicht ganz klar.

Überhaupt nagt am Wunsch und am Streben oft der Zweifel. *Wer will* (oder gar *wer wollte*) *das mit Sicherheit behaupten?* Ziemlich unfreiwillig hört es sich an, wenn einer sagt: *Ich will es nicht leugnen.* Meist bleibt ihm in einem solchen Fall gar nichts anderes übrig. Am schlimmsten aber ist es, wenn aus dem Wunsch ein harscher Befehl wird. *Willst du wohl endlich aufstehen?* Das bekommt nur einer zu hören, der partout nicht *will*.

So üppig sich das Bedeutungsfeld von *wollen* auch ausnimmt, etwas fehlt ihm, womit die meisten Verben lässig umgehen. Das ist der Imperativ. Niemand muß sich einen Befehl anhören, der *Woll! lautet, und das gilt auch für die anderen Hilfsverben. Man kann nicht sagen: *Mög!, *Müß!, *Könn!, *Dürf!, *Soll! Nur *werden* genießt hier eine Ausnahmeposition. Den nämlich, der aus irgendeinem Grund noch nicht ist, was er sein sollte, kann man auffordern, etwas dafür zu tun, daß er es endlich werde, so wie in der berühmten Ermahnung des Johann Scheffler, der sich lieber Angelus Silesius nannte: »Mensch, werde wesentlich: denn wann die Welt vergeht / So fällt der Zufall weg, das Wesen das besteht.«

SCHLAGFERTIG. Nun *könnte* man denken, Allerweltswörter wie *können* oder *werden* wären eben deshalb so schillernd in ihrem Gebrauch, so vertrackt in ihrer Vielfalt von Anwendungsmöglichkeiten, gerade weil sie so unauffällig daherkämen. Wer so viele Aufgaben übernehmen muß, verzettelt sich eben. Bei ordentlichen, handfesten Verben wie *ziehen*, *geben*, *schlagen* wäre das etwas anderes; da wüßte man ganz genau, was sie bedeuten. Aber das ist ein Irrtum.

Denn man faßt sich an den Kopf, wenn man sich ein beliebiges, hundsgewöhnliches Verb vornimmt und ihm auf den Zahn fühlt. Dann stellt sich nämlich heraus, daß es, genau wie *sollen* oder *mögen*, eine verblüffende Menge von Bedeutungen annehmen kann.

Ein ausgefuchster Linguist könnte eine ganze Karriere damit begründen, daß er das definitive Standardwerk über den Gebrauch von *gehen* oder *kommen* schriebe. So genau wollen wir es lieber gar nicht wissen. Als Beweis soll uns ein Exempel genügen. Wir sehen uns bloß ein einziges Verb genauer an, das Wort *schlagen*, und selbst bei dieser zufälligen Durchmusterung werden wir es an Gründlichkeit fehlen lassen.

Jeder weiß doch, was *schlagen* bedeutet, oder nicht? *Schlagen* können beispielsweise *Uhren, Herzen, Wellen,* aber auch *Finken.* Wieso können Vögel *schlagen?* Da fängt es uns schon an mulmig zu werden. Noch eigenartiger geht es zu, wenn wir uns fragen, was jemand alles *schlagen* kann, nämlich, unter anderem, *Schaum, Feuer, Wurzeln, Haken, Lärm, Gras, einen Kreis, eine Brücke, ein Rad, ein Kreuz, eine Schlacht; den Takt,* aber auch *die Orgel;* ferner *Lämmer, Bälle, Münzen* oder *Bäume.* Wenn einer unbedingt will, kann er natürlich auch *über die Stränge, mit den Flügeln, aus der Art* oder gleich alles miteinander *über einen Leisten schlagen,* jedenfalls solange ihm nicht *das Gewissen* oder *das letzte Stündlein schlägt.* Es gibt allerdings auch allerlei, was dem, der sich mühsam *durchs Leben* oder *in die Büsche schlägt, auf den Magen* oder *aufs Gemüt schlagen* könnte. Man sollte sich vielleicht nicht unbedingt *den Bauch voll-* und dann *die Nacht um die Ohren schlagen.*

Bei alledem sollten wir die Grundbedeutung des Wortes nicht *in den Wind schlagen,* von der man denken könnte, sie sei unproblematisch. Doch auch da gibt es noch alle möglichen Varianten; denn zwar kommt es vor, daß jemand erst *aus dem Feld* und dann doch noch *zum Ritter,* wenn er Pech hat, jedoch *grün und blau* oder *windelweich,* ja sogar *zu Brei* oder *ans Kreuz geschlagen* wird.

Damit könnten wir es genug sein lassen, wäre die deutsche Sprache nicht so reichlich mit Vorsilben gesegnet. Mit ihrer Hilfe entfaltet unser einfaches Verb eine betäubende Menge von weiteren Bedeutungen. Es *schlägt* dann nicht nur *über, unter, hin* und *nach,* sondern auch *aus* und *ein, auf* und *ab*. Aber von diesen Komplikationen ein anderes Mal. Wir werfen nur noch einen Seitenblick auf *leck-* und *fehl-, los-* und *breit-, tot-* und *ratschlagen*. Alle anderen Fragen, mit denen unser scheinbar so simples Wort auftrumpfen könnte, sollten wir uns besser *aus dem Kopf schlagen*.

HABSELIGKEITEN. Tut mir leid, aber wir *haben* etwas vergessen: eines der allerwichtigsten Allerweltswörtchen, nämlich das Wort *haben*. Es hilft nichts, das müssen wir nachholen. Zwar gibt es Völker, die ganz ohne ein solches Verb auskommen, wie die Maori oder die Araber. Ob sie weniger habsüchtig sind als wir, möchte ich dahingestellt sein lassen. Sie behelfen sich jedenfalls mit Präpositionen. Auch die Russen tun das in der Mehrzahl der Fälle, in denen uns das *haben* unverzichtbar ist: »Ich habe das (oder ein) Buch« heißt auf russisch *u menja kniga*, »bei mir Buch«, und genau analog dazu drücken sich auch die Araber aus. Dagegen haben die Georgier die Wahl zwischen zwei Verben, die *haben* bedeuten; das eine benutzen sie, wenn es sich um ein belebtes Wesen handelt, das andere, wenn das nicht der Fall ist. Es ist eben ein Unterschied, ob das Kind eine Mama *hat* oder ein Spielzeugauto.

Im Gegensatz zu seinen schillernden Cousins, bei denen man oft nicht recht weiß, worauf sie hinaus*wollen*, läßt sich für unser Hilfsverb *haben* eine selbständige Grundbedeutung angeben, die man fassen, an die man sich halten kann. Denn eben darum geht es ursprünglich: man *hat*, was sich »ergreifen, halten, fassen« läßt. Sogar mit *heben* besteht eine alte und innige Verwandtschaft.

Man kann aber nicht nur etwas halten, sondern auch sich selber. Daher *die Haltung*. Auf die Frage *Was hast du nur?* wird nicht die Auskunft erwartet: *200 Euro*, oder *Halsweh*, oder *einen Studienplatz*. Sie zielt vielmehr auf das *Gehabe*. Falls daran etwas auszusetzen ist, heißt es: *Hab dich nicht so!* Der brave Mann wurde einst verabschiedet mit dem Gruß: *Gehab dich wohl!* An die ursprüngliche Bedeutung erinnert auch eine Redewendung wie: *Du willst mich wohl zum besten haben,* oder die Gretchenfrage: *Wie hast du's mit der Religion?* In beiden Fällen könnte man statt *haben* ebensogut *halten* sagen.

Aber was einem zuerst einfällt, wenn's ums *Haben* geht, ist nicht so sehr die Religion, sondern eher das Eigentum. Die Besitzansprüche, die da erhoben werden, gehen aber sehr, sehr weit. *Mein* Konto, *meine* Haare, *mein* Husten, *meine* Heimatstadt, *meine* Feinde, *meine* liebe Not, *meine* Ruhe, *meine* Frau – es ist erstaunlich, was man alles *haben* kann, sogar *Durst, Zeit, Hunger, ein gutes Herz, nichts damit am Hut* oder ganz einfach *nichts zu tun, nichts zu verlieren, jemanden lieb* oder *alles satt*; ja, auch *Leberzirrhose* oder *eine Bitte* oder *recht* oder *frei* kann man *haben.* Manch einer *hat* es auch einfach *gut,* oder *nötig,* oder *faustdick hinter den Ohren.*

Wie man sieht, wird der Besitz alsbald zu einer fixen Idee, und das Wort, das ihn anzeigen soll, verliert mehr oder weniger die Beherrschung. Sogar von dem Laden an der Ecke wird behauptet, daß er etwas *hätte,* nämlich *auf* oder *zu.* Die Wohnung, die einer *hat, hat* ihrerseits allerhand, *einen Balkon* vielleicht oder *120 Quadratmeter.* Und so tritt die Bedeutung des Wortes immer mehr über die Ufer:

Da haben wir die Bescherung! Damit hat es folgende Bewandtnis. Haben Sie die Güte, mir zu erklären, was es damit auf sich hat? Habe die Ehre! Davon habe ich nichts. »Ich hab's!« rief Archimedes, als er herausfand, warum Gold nicht schwimmt. *Damit hat es seine Richtigkeit. Das hatte er nicht von seiner Mutter. Gott hab ihn selig. Damit hat es sich!* (Immer dieses ominöse *es!*) *Was haben Sie denn? Ich habe etwas dagegen. Das hat nichts zu bedeuten. Sie haben leicht reden!* Und überhaupt: *Sie haben mir gar nichts zu sagen, Sie haben zu gehorchen.* (Das klingt eher nach *müssen* als nach *besitzen.*) *Ja, hat sich was!* (Diese Wendung gehört eigentlich in das Kapitel von den Nullsätzen und Gesprächskillern – siehe dort!) Genug der Beispiele, die *es an sich haben,* daß die Bedeutung des Wortes um so mehr verschwimmt, je mehr wir versuchen, ihr auf den Grund zu gehen. *Das muß ein Ende haben!*

Alles nicht so schlimm, denn am Ende gibt es einen Gebrauch dieses Wortes, auf den Verlaß ist. Schließlich ist *haben* als Hilfsverb gänzlich unentbehrlich, wenn wir von der Vergangenheit reden – wenigstens, wenn wir das Perfekt oder das Plusquamperfekt bevorzugen, und wenn es sich um etwas Transitives handelt. Ja, ohne diese Einschränkung geht es leider nicht; denn zwar *habe* ich mich nach diesem Kapitel ins Bett *gelegt*, aber dann *bin* ich nur noch dring*elegen*. Manchmal streiten sich die Hilfsverben *sein* und *haben* auch um die vollendete Vergangenheit; dann ist die Frage, ob ich *geeilt bin* oder ob *es geeilt hat*, und ob wir alle in letzter Zeit einmal *geschwommen*, *geklettert*, *gewandert* oder bloß *dagesessen* und *dagestanden haben* – oder doch eher *sind*.

So wie wir unsere Hilfsverben kennen, wundert es uns nicht, daß sie auch in diesen Fällen eine Extrawurst in Anspruch nehmen. Sie werfen nämlich, wenn sie ein korrektes Perfekt mit einem Infinitiv bilden wollen, die Vorsilbe *ge-*, die sonst obligatorisch ist, einfach ab. Wir hätten uns vielleicht anders ausdrücken **gewollt*, **gesollt*, **gemocht*, **gemußt*, **gekonnt*; aber das hätten wir nicht tun **gedurft*, weil unsere launische Grammatik es verbietet.

Sechste Runde

BAUKLÖTZE STAUNEN. Die deutsche Sprache ist berüchtigt für die aberwitzige Leichtigkeit, mit der sie Zusammensetzungen bildet. Dabei geht es nicht nur um Vor- und Nachsilben. Prä- und Suffixe, das können die andern auch. Aber niemand macht uns Wortbildungen nach wie *Betäubungsmittelverschreibungsverordnung* oder *Ordnungswidrigkeitsrechtsvorschriften*. Den bisherigen Rekord hält das Landwirtschaftsministerium von Mecklenburg-Vorpommern, das sich 1999 mit einem *Rinderkennzeichnungs- und Rindfleischetikettierungsüberwachungsaufgabenübertragungsgesetz* verdient gemacht hat. Ein Franzose oder ein Engländer, der sich vornähme, etwas Derartiges auszudrücken, käme mit weniger als sechs bis zehn Vokabeln nicht aus; er müßte ein solches Wortungeheuer in eine Folge von Substantiven, Artikeln und Präpositionen zerlegen. In dieser Hinsicht kann man Mark Twain kaum widersprechen, wenn er sich über unsere Neigung zu verbalen Lego-Spielen lustig macht.

Manche deutschen Wörter [stellt er fest] sind so lang, daß man sie nur aus der Ferne ganz sehen kann. Man betrachte die folgenden Beispiele:

> *Freundschaftsbezeigungen,*
> *Dilettantenaufdringlichkeiten[?],*
> *Stadtverordnetenversammlungen.*

Dies sind keine Wörter, es sind Umzüge sämtlicher Buchstaben des Alphabets. Und sie kommen nicht etwa selten vor. Wo auch immer man eine deutsche Zeitung aufschlägt, kann man sie majestätisch über die Seite marschieren sehen – und wer die nötige Phantasie besitzt, sieht auch die Fah-

nen und hört die Musik. Sie geben selbst dem sanftesten Thema etwas schauererregend Martialisches. Ich interessiere mich sehr für diese Kuriositäten. Sooft mir ein gutes Exemplar begegnet, stopfe ich es aus für mein Museum. Auf diese Weise habe ich eine recht wertvolle Sammlung zusammengebracht. [...]
Natürlich schmückt und adelt solch ein großartiger Gebirgszug die literarische Landschaft, wenn er sich quer über die Druckseite erstreckt; gleichzeitig jedoch bereitet er dem Anfänger großen Verdruß, denn er versperrt ihm den Weg. Er kann nicht darunter durchkriechen oder darüber hinwegklettern oder einen Tunnel hindurchbohren. Er wendet sich also hilfesuchend ans Wörterbuch, aber dort findet er keine Hilfe. Das Wörterbuch muß irgendwo eine Grenze ziehen, daher läßt es diese Sorte von Wörtern aus, und zwar mit Recht, denn diese langen Dinger sind wohl kaum rechtmäßige Wörter, sondern vielmehr Wortkombinationen, deren Erfinder man hätte umbringen sollen. Es sind zusammengesetzte Wörter ohne Bindestrich. Die einzelnen Wörter, die zu ihrem Aufbau benutzt wurden, stehen im Wörterbuch, allerdings sehr verstreut. Man kann sich also das Material Stück um Stück zusammensuchen und auf diese Weise schließlich auf die Bedeutung stoßen, aber es ist eine mühselige Plackerei.

Statt sich zu ärgern, hätte der amerikanische Tourist uns aber auch beneiden können. Denn in Wirklichkeit ist die Produktivität unserer Sprache etwas Wunderbares. Sie erlaubt jedem von uns, aus ein paar simplen Elementen beliebig viele neue Wörter zu erfinden, und die Sprachgemeinschaft hat von dieser Möglichkeit schon immer den ausschweifendsten Gebrauch gemacht.

Davon haben Mark Twain und andere Sprachkritiker freilich nicht die *Bohne* verstanden. Welches andere Idiom verfügt über so viele, so exakte Bezeichnungen für dieses wertvolle Gemüse? Ein Blick in Gustav Muthmanns *Rückläufiges deutsches Wörterbuch* genügt, um alle anderen Kandidaten aus dem Feld zu schlagen. Man findet dort nicht weniger als 24 verschiedene Zusammensetzungen mit *-bohne*, darunter so exotische wie die *Tonka-*, aber auch die heimische *Veits-*, die *Fitz-*, die *Wachs-* und die *Puffbohne*. Und das ist erst der Anfang! Wir verfügen des weiteren über einen reichen Vorrat von 30 -*bürsten*, 34 -*nasen*, 36 -*dichtern*, 67 -*säcken* und 80 -*hosen*. Richtig ernst wird es jedoch erst, wenn es um die Kohle, den Job und die Freizeit geht. Jedem Deutschen stehen nämlich insgesamt 166 -*gelder*, 253 -*spiele* und 270 -*arbeiten* zu Gebote. Das ist höchstwahrscheinlich ein Weltrekord.

Natürlich hat dieser sagenhafte Reichtum seinen Preis. Wie Ronald Reagan zu sagen pflegte: »There is no free lunch.« Man wird es nicht an Verständnis für den armen Mark Twain fehlen lassen, wenn er sich darüber beschwert, daß das Wort *Zug* alles mögliche bedeuten kann:

Genau genommen bedeutet *Zug* eine Fortbewegungsform, Kennzeichen, Merkmal, Charaktereigenschaft, Teil des Gesichtsausdrucks, Neigung, Hang, Marsch, Prozession, Wagenreihe, Schublade, Luftströmung, Gespann, Richtung, Schwarm, Register (an der Orgel), Schluck, einen Vorgang beim Schachspiel und beim Atmen – aber was es *nicht* bedeutet, nachdem all seine rechtmäßigen Anhänglinge angehängt worden sind, hat man bisher noch nicht herausgefunden.

Wollten wir uns dümmer stellen als wir sind, so könnten auch wir uns über viele unserer Komposita wundern. Ein deutscher Germanist namens Heinz Rölleke hat einmal die Frage aufgeworfen, was das Wort *Jägerschnitzel* bedeutet. Handelt es sich um ein Schnitzel, das aus der Beute eines Jägers stammt? Oder ist darunter das Leibund Magengericht des Weidmanns zu verstehen? Eine dritte Möglichkeit wäre, daß man dieses zähe Stück Fleisch dem Jäger aus den Rippen geschnitten hat. Ähnliche Probleme wirft der *Polizeischutz* auf. Ist er dazu da, die Polizei zu schützen? Bilden *Zwergschulen* ausschließlich Liliputaner aus? Was kann mit dem Wort *Affenliebe* gemeint sein? Die Liebe zu den Affen? Oder das Treiben amouröser Schimpansen? Für jeden, der das Wort zum erstenmal hört, ist das nicht ohne weiteres auszumachen. Solche Zwei- oder Mehrdeutigkeiten liegen besonders nahe, wenn es um *Krankenkassen* oder *Verbrauchermärkte* geht. Es ist ja nicht ganz abwegig zu vermuten, daß auf solchen Märkten die Verbraucher verkauft werden, vielleicht sogar für dumm verkauft; und was die *Krankenkasse* betrifft, so weiß jeder, daß sie dazu neigt, Kranke zwangsweise einzukassieren. Übrigens macht sich über ihren Gesundheitszustand kein Beitragszahler Illusionen.

Trotz dieser Schwierigkeiten erraten wir in der Regel mühelos, was gemeint ist; wir wissen einfach, daß zwar auf dem *Heumarkt* das Heu, nicht hingegen auf dem *Weltmarkt* die Welt und auf dem *Jahrmarkt* das Jahr verkauft wird. Nicht einmal der *Flohmarkt* hält, was er verspricht; die fraglichen Insekten kann man sich dort höchstens gratis einfangen.

All das setzt ein enormes Weltwissen voraus; den Wörtern allein ist es schließlich nicht anzusehen, daß ein *Farbfernseher* nicht unbedingt bunt sein muß, daß es auch blaue *Rotstifte* gibt, und daß sogar im Tal *Hochsaison* herrschen kann.

Was die Reihenfolge der Bausteine angeht, so ist die deutsche Wortbildung nicht zimperlich. Viele Kombinationen lassen sich ohne weiteres umdrehen. Daß es möglich ist, in der *Badewanne* ein *Wannenbad* zu nehmen, und daß am *Pferderennen Rennpferde* teilnehmen, überrascht nicht. Interessanter wird die Sache jedoch, wenn bei umgekehrter Reihenfolge die Bedeutung kippt – ein ähnlicher Effekt, wie man ihn von optischen Täuschungen her kennt. Daraus könnte man ein amüsantes Gesellschaftsspiel entwickeln, das darin bestünde, derartige Kippwörter zu suchen. Hier folgt eine kleine Auswahl:

Gerichtsstand / Standgericht; Scheingewinn / Gewinnschein; Abendschüler / Schülerabend; Augenglas / Glasauge; Hausfrau / Frauenhaus; Messeschlager / Schlagermesse; Reisezeit / Zeitreise; Menschenschlange / Schlangenmensch; Paradiesvogel / Vogelparadies; Botendienst / Dienstboten; Bügeleisen / Eisenbügel; Rathaus / Hausrat; Möbelbauer / Bauernmöbel; Werkmeister / Meisterwerk; Handkuß / Kußhand; Sonnenhöhe / Höhensonne; Jahreswechsel / Wechseljahre. (Vorsicht! Kalauer wie Eiland / Landei zählen nicht!)

DIE KUNST DER FUGE. »Warum heißt es Mordsspaß, aber Mordopfer? Warum sagen wir Rindsleder, aber Rindfleisch? Warum haben Schiffstaufe und Schiffsschraube ein Fugen-s, Schiffahrt und Schiffbruch aber nicht? Wer legt fest, ob und womit die Nahtstelle zwischen zwei zusammengeschweißten Wörtern verfugt wird?« Das fragt sich und uns Bastian Sick, der unter der Adresse *www.spiegel.de* eine Kolumne namens *Zwiebelfisch* veröffentlicht. Diese kleinen Essays sollte sich jeder zu Gemüte führen, dem die Schönheiten und die Marotten der deutschen Sprache nicht egal sind.

Was das Fugen-s angeht, so sind Sicks Darlegungen konkurrenzlos. Statt sie mehr oder weniger elegant zu paraphrasieren, wird es das Beste sein, daraus ein wenig abzuschreiben:

Die meisten dieser Fügungen sind historisch gereift. Bei einigen handelt es sich um zusammengewachsene Wortgruppen, bei denen das Fugenzeichen den Genitiv markierte: des Königs Hof wurde zum *Königshof*, des Herzens Freude zur *Herzensfreude*.
Andere Fügungen wurden in Analogie zu bereits bestehenden Formen gebildet. [...] Man orientierte sich bei der Wortbildung an bekannten Komposita wie *Bischofsstab* und *Bischofswürde*. Doch auch wenn sich auf einer Bischofskonferenz mehrere Bischöfe zu treffen pflegen, heißt es dennoch nicht *Bischöfekonferenz*. [...]
Der Versuch, eindeutige Regeln zu definieren, ist zum Scheitern verurteilt. Dafür ist das Gebiet zu unübersichtlich, vermeintliche Gesetzmäßigkeiten sind zu widersprüchlich und von Ausnahmen durchlöchert wie ein mottenzerfressener Umhang. Aber wir haben uns daran gewöhnt. Daß es nicht *Bratskartoffeln* und *Spiegelsei* heißt, sagt uns unser Sprachgefühl. Was uns heute am meisten zu schaffen macht, ist die Tatsache, daß immer wieder neue Begriffe auftauchen, denen das vertraute Fugen-s abhanden gekommen zu sein scheint.

Wer schuldlos in einen Unfall verwickelt wird, hat in der Regel Anspruch auf Schadensersatz. Die Versicherung gewährt ihm aber allenfalls *Schadenersatz* ... Ist das nun richtig oder falsch? Heißt es nicht »des Schadens Ersatz«, und wäre dann nicht *Schadensersatz* die korrekte Form? Es gibt einiges, was dafür spricht. Zum Beispiel das *Bürgerliche Gesetzbuch (BGB)*; dort ist ausschließlich von *Schadensersatz* die Rede.

Wie man weiß, nehmen Versicherungen gerne Geld ein, tun sich aber mit dem Auszahlen schwer. Daher behalten sie bei Schadensersatzzahlungen wenigstens das s ein, das gibt ihnen das Gefühl, den Versicherungsnehmer am Ende doch noch ein bißchen übervorteilt zu haben. Ein kleiner Triumph in der Niederlage. Kein Schaden ohne *Schadenfreude*. [...]

Behördendeutsch ist seit jeher bemüht, sich allgemeiner Verständlichkeit zu entziehen, und so ist die Einsparung des Fugenzeichens nur eine weitere Kürzungsmaßnahme auf dem Weg zur vollständigen Entfremdung von den Bürgern und ihrer Sprache.

[Kurzum,] eindeutige und unverrückbare Regeln für den Gebrauch des Fugen-s gibt es nicht. Zu groß ist die Zahl der Ausnahmen und Fälle mit schwankendem Gebrauch. Hier aber finden Sie zumindest ein paar Anhaltspunkte.

Das Fugen-s steht im allgemeinen bei Zusammensetzungen mit Wörtern auf -tum, -ling, -ion, -tät, -heit, -keit, -schaft, -sicht, -ung: *Altertumsforschung, Frühlingserwachen, Kommunionsfest, Realitätsverlust, Einheitsfeier, Heiterkeitsanfall, Eigenschaftswort, Ansichtskarte, Erinnerungsvermögen*; bei Zusammensetzungen, deren erster Bestandteil auf -en endet (substantivierter Infinitiv): *Essensreste, Lebensfreude, Leidensweg, Redensart, Schlafenszeit, Sehenswürdigkeit, Sterbenswörtchen, Wissenslücke*, und daher auch *Schadensersatz*, aber: *Schadenfreude*.

Das Fugen-s steht im allgemeinen nicht bei Zusammensetzungen, deren erster Bestandteil weiblich ist und nicht auf *-ion, -tät, -heit, -keit, -schaft, -sicht, -ung* oder einen Zischlaut endet: *Weltkugel, Nachtzug, Fruchtsaft, Kammerdiener, Lageplan, Redezeit, Musikzimmer, Naturschutz, Schurwolle* (Ausnahmen: *Armut, Hilfe, Liebe, Geschichte, Weihnacht*);

bei Zusammensetzungen, deren erster Bestandteil auf -er endet: *Anglerlatein, Bäckermütze, Bohnerwachs, Feierabend, Folterknecht* ... (Ausnahmen: *Hungersnot, Henkersmahlzeit, Jägersmann, Petersberg* und ähnliche altertümliche Begriffe);

bei Zusammensetzungen, deren erster Bestandteil auf -el endet: *Hagel-schauer, Hebelgesetz, Kabeltrommel, Kegelklub, Mandelaugen* ... (Aus-nahmen: *Engel/Engelsgesicht, Himmel/Himmelstor, Esel/Eselsohr*);
bei Zusammensetzungen, deren erster Bestandteil auf -*en* endet und kein substantiviertes Verb ist: *Bodensatz, Ebenbild, Gartentor, Nebenstraße* ...;
bei Zusammensetzungen, deren erster Bestandteil mit einem Zischlaut en-det (-*sch*, -*s*, -*z*): *Waschsalon, Preisliste, Hasskappe, Grußkarte, Lastwa-gen, Sitzkissen.* [...]
Dort, wo das Fugen-s unaussprechlich wäre, dort gehört es auch nicht hin. Es soll ja die Fuge zwischen zwei Wörtern glätten, nicht dieselbe zu einer Zungenhürde machen. Sprechen Sie einmal *Verwaltunggebäude, Weihnachtbaum, Entwicklunghilfe* ohne *s* aus, und Sie werden feststel-len, daß es nicht nur blöde klingt, sondern auch schwerer zu artikulieren ist. [...]
Wer das Gefühl hat, daß bei Wörtern wie *Schadenersatz, Einkommen-steuer, Diplomparty* und *Essenmarke* die Scharniere quietschen, der soll getrost zum Ölkännchen greifen und ein Fugen-s hineinträufeln. So wie die Kehle regelmäßig geschmiert werden muß, so müssen auch manche Wort-fugen geschmiert werden, damit die Sprache nicht ins Stocken gerät.

Vielen Dank, Professor (?) Bastian Sick!

WESWEGEN? Nicht nur beim Fugen-s zeigt sich, daß der Genitiv voller Tücken steckt. Er ist nämlich, wie Hermann Paul gnadenlos bemerkt hat, derjenige Kasus, »der dem Ausdruck jeder beliebigen Beziehung zwischen zwei Substantiven« dienen kann.

Die alten Grammatiker haben sich viel Mühe mit ihm gegeben. Ihr Versuch, seinen glitschigen Manövern ein ordentliches Korsett zu verpassen, nimmt sich schon dort einigermaßen mühsam aus, wo es um Subjekt und Attribut geht. Dabei ergeben sich die folgenden Konstruktionsmöglichkeiten:

1. G. possessivus: *das Trikot des Siegers, die Mutter des Toten* (Be-sitz oder Zugehörigkeit, eine Fügung, die oft mehrdeutig bleibt: *die Beschreibung der Schwester* – beschreibt sie oder wird sie beschrie-

ben?); *das Geschenk des Stammkunden* (schenkt er oder wird er beschenkt?).

2. G. subiectivus: *die Rede des Präsidenten, die Behauptung dieses Zeugen* (nicht der Zeuge wird behauptet; es ist der Präsident, der redet); als Spezialfall der sogenannte G. auctoris, auch G. productionis: *der Autor des Romans, der Komponist dieser Oper, ein Geschöpf Gottes, die Studie des Antragstellers, Dr. Soldans Hustenbonbons* (er hat sie hervorgebracht).

3. G. obiectivus: *die Ermordung der Geiseln* (die Geiseln ermorden niemanden, sie werden ermordet).

4. G. qualitatis: *ein Kind der Liebe, eine Frage des guten Willens, ein Mann der Tat.*

5. G. partitivus: *eine Unze reinen Goldes, der größte Teil meiner Erbschaft* (hier geht es um Maße oder Teilmengen).

6. G. explicativus: *das Feuer der Begeisterung, der Sumpf der Korruption* (die Begeisterung ist *wie* ein Feuer, die Korruption *gleicht* einem Sumpf).

7. G. definitivus: *die Möglichkeit der Auswahl* (die Auswahl *ist* möglich), *die Strafe der Verbannung* (sie *ist* eine Strafe).

Diese lange Liste erschöpft immer noch nicht alle Möglichkeiten. Wie ist es z. B. mit dem *Buch der Bücher* bestellt, oder mit der *Mutter aller Schlachten*? Auch für solche Fälle halten die Grammatiker einen gelehrten Begriff bereit, den ich aber leider vergessen habe.

Über die Form des Genitivs ist damit noch gar nichts gesagt. Im Deutschen haben wir dabei in manchen Fällen die Wahl zwischen dem alten sächsischen Genitiv und der Umschreibung mit der Präposition *von*. Das gilt vor allem dann, wenn es sich um Personen handelt: man kann von *Vaters Hut* sprechen, aber nicht von **Tisches Bein*. Trotzdem ist in dieser Hinsicht *noch nicht aller Tage Abend*. Man kann also diesen Genitiv auch dort finden, wo von Personen nicht die Rede ist. Das hört sich dann allerdings eher

»poetisch« an: *Des Meeres und der Liebe Wellen*, oder: *Jeder ist seines Glückes Schmied*. Auch in der Geographie ist das Genitiv-s gang und gäbe, siehe *des Deutschen Reiches Schätzkästlein* oder *Kreuzbergs Krawallnächte*. (Weniger überzeugen können *die Höhenzüge des Elsasses*.)

Ähnliche Einschränkungen gelten übrigens auch im Englischen. Nur bei lebenden Wesen und ein paar Zeitbestimmungen hat sich der angelsächsische Genitiv erhalten: *a gentlemen's agreement, a week's salary, a hard day's night*. Der Apostroph, ohne den Amerikaner und Engländer nicht auskommen, wird im Deutschen jedoch nur dann zu Hilfe genommen, wenn es gar nicht anders geht, wenn man sich zum Beispiel auf *Waldemar Bonsels' Gesammelte Werke* einläßt. Das ist freilich eine Situation, in die man sich erst gar nicht begeben sollte. Um so sonderbarer ist die Vorliebe, welche die Deutschen für den fremden Apostroph eben dort an den Tag legen, wo er absolut nichts zu suchen hat: In *Monika's Nähstübchen* und in *Schliephacke's High-End-Studio* scheint es ganz gewaltig zu rumoren.

Auch dort, wo es ohne solche Mätzchen zugeht, wirkt das vorangestellte Attribut inzwischen leicht feierlich, wie in *Meines Bruders Hüter*. *Meines Bruders Moped* wird man seltener hören. Meistens begnügt man sich mit dem *Moped meines Bruders*. In Süddeutschland hat der Genitiv es schon immer schwer gehabt. Man sagt dort lieber: *meinem Bruder sein Moped* oder *das Moped von meinem Bruder*. Auch im Niederdeutschen dringen konkurrierende Konstruktionen langsam aber sicher vor. Funktionelle Einbußen sind damit nicht verbunden, wie das Beispiel anderer europäischer Sprachen zeigt. Das französische, italienische und spanische Substantiv hat die Genitivflexion längst eingebüßt; es geht offenbar auch ohne sie.

Aber damit hat der zweite Fall noch lange nicht ausgedient. Dieser Verwandlungskünstler tritt in einer ganzen Reihe von anderen Rollen auf. Da gibt es das sogenannte *Genitivobjekt*, den Genitiv, der von einer Präposition abhängt, und den *adverbialen Genitiv*. Keine Angst, die Sache ist weniger kompliziert, als sie sich anhört. Hier folgt zunächst eine Liste von Verben, die den Genitiv regieren:

Sich einer Sache annehmen, erinnern, enthalten, entsinnen, bedienen, entäußern, rühmen, schämen, brüsten, erfreuen, erwehren, entwöhnen, versichern, bemächtigen, vergewissern, entledigen, unterziehen, befleißigen. Sich eines Menschen erbarmen. Sich eines Vorteils begeben. Seiner Ruhe pflegen. Jeder Beschreibung spotten. Einer Sache ermangeln, entraten, obliegen, innewerden, bedürfen, gedenken. Jemanden einer Handlung verdächtigen, beschuldigen, bezichtigen, überführen, zeihen, anklagen ...

Wunderbar! Auch wenn manches davon wie ein Echo aus früheren Zeiten klingt. Unsere Vorfahren waren offenbar auf solche Konstruktionen erpicht, von denen manche inzwischen in Vergessenheit geraten sind. Es gibt kaum noch jemanden, der sich heutzutage irgendeiner Bemerkung *nicht entblödet*, sich einer Handlung *gereut*, *entschlägt* oder *unterfängt*, einer Sache *entbehrt*, *geschweigt*, *genießt*, *vergißt* oder *entschlägt*. Andere Verben dieser Art überleben nur noch in bestimmten Wendungen, an denen ihre einstige Vorliebe für den Genitiv zu erkennen ist: *achten* (weil wir immer noch *dessen ungeachtet* sagen), *walten* (weil irgendwelche Leute nach wie vor *ihres Amtes walten*), *genesen* (weil es immer noch vorkommt, daß Frauen eines gesunden Knaben *genesen*). Auch ist es nicht ausgeschlossen, daß wir uns hie und da *eines Besseren belehren* lassen, ja sogar *besinnen*.

Tapfer halten sich auch viele Präpositionen, die den Genitiv regieren, als da sind: *wegen, während, außerhalb, inmitten, jenseits, abseits, halber, unweit, von ... wegen, ungeachtet, anläßlich, gemäß, laut, unfern, vermöge, inmitten*. Nicht wenige von ihnen sind aus Substantiven hervorgegangen: *trotz, statt, dank, kraft, mittels, seitens, mangels, um … willen, aufgrund, angesichts, anhand, infolge, zugunsten, anstelle …*

Auch an ihnen nagt jedoch der Zahn der Zeit. So kommt es, daß ihr Gebrauch schwankt. Man mag *außer Landes* gehen, gerät aber nicht *außer seiner*, sondern *außer sich*; *dank dem Eingreifen der Feuerwehr*, aber auch *dank ihrer Einsatzbereitschaft* brennen nicht alle Häuser ab, in denen jemand zündelt; es klingt nicht sonderlich elegant, wenn es im Kommuniqué heißt, *laut des Beschlusses des Ministerrates* gelte nun die folgende Euronorm; man weicht in solchen Fällen lieber auf den Nominativ (*laut Beschluß*) oder auf den Dativ aus. Auch erfreut sich das Wörtchen *trotzdem trotz des Genitivs* allgemeiner Anerkennung.

Attributiv geht es natürlich auch, und deshalb sind wir mancher Dinge nach wie vor *gewiß, bedürftig, froh, fähig, teilhaftig, geständig, habhaft, ansichtig, schuldig, bewußt, gewärtig, mächtig, eingedenk, würdig, sicher, müde,* allerdings auch *überdrüssig* oder gar *verdächtig*. Es schadet meinetwegen auch nicht, wenn wir *ihrer gewahr* werden, auch wenn wir deswegen nicht immer *voll des Lobes* sind. Oft gehen solche Wendungen auf einen Sprachgebrauch zurück, der in Vergessenheit geraten ist, wie das alte Femininum *die Maße,* von dem sich auch das Adverb *einigermaßen* herleitet, während *dergleichen* auf *der Gleiche* beruht, die wir heute lieber *Gleichheit* nennen.

Andere adverbiale Reste haben sich dort erhalten, wo wir einfach *eines Tages unserer Wege* gehen. Dabei spielt es keine Rolle, ob wir uns nach *links* oder nach *rechts* orientieren, und es ist ganz egal, ob wir uns nun *nachts, morgens* oder *abends,* ob *geradeswegs,* nur *halbwegs* oder gar *keineswegs* zu einem solchen Schritt entscheiden. In jedem Fall brauchen wir dazu den Genitiv. Auch in Pathosformeln kommen wir nicht ohne ihn aus. Es braucht einer ja nicht gleich *des Teufels* oder *des Todes* zu sein; schon ein kleiner Schreck genügt, und man hört ihn *Um Himmels willen!* rufen.

Zugegeben: vielen solchen Formulierungen haftet etwas Altbackenes an. Ausdrücke wie *des weiteren, von Rechts* oder *von Amts wegen* merkt man ihre Herkunft aus der Kanzleisprache an. Juristen und Verwaltungsmenschen sind die Taxidermisten des Sprachgebrauchs, daher der leichte Mottenkugelgeruch, der ihren Texten anhaftet.

Wird der Genitiv eines Tages im Museum landen? Man könnte es glauben, wenn man die Klagen besorgter Sprachkritiker beim Wort nähme. Aber so leicht ist ein alter Baum nicht mit der Wurzel auszureißen. Da müßte schon die Kultusministerkonferenz mit der Kettensäge kommen! Glücklicherweise ist solchen Amtsinhabern, um es mit einem altmodischen Genitiv zu sagen, die *damnatio memoriae* sicher.

STARTSIGNALE. Deutsche Verben lieben es, sich mit einer Vorsilbe zu schmücken. »Es soll vorkommen, daß die Nachkommen mit dem Einkommen nicht auskommen, und umkommen.« Hier zeigt sich die Produktivität, aber auch das Kuddelmuddel unserer Sprache; denn es ist keine leichte Sache, genau zu sagen, was diese vielen *Präfixe* eigentlich bedeuten.

Ein erster Schritt könnte darin bestehen, daß man sie in zwei Gruppen sortiert. Die einen können für sich allein bestehen, als Präpositionen oder Adverbien wie *nach* oder *wieder*; andere dagegen, von denen die meisten unentbehrlich sind, scheinen, für sich genommen, gar nichts zu besagen. Der Silbe *ent-* läßt sich so leicht kein Sinn *ent*locken. Man muß sich da schon an die Etymologen halten, um herauszufinden, ob sie irgendwann einmal irgend etwas bedeutet hat. Das gleiche gilt für *ver-, be-, zer-* und *er-*; das sind die fünf fruchtbarsten »echten« Präfixe. Bei *ent-* ist der Fall einigermaßen klar; es leitet sich von althochdeutsch *ant-* her und bedeutet eigentlich »gegen«, so wie in *Antwort*. *Er-* (wie in *erschöpfen*) geht auf ein gotisches *ur-* zurück; die Grundbedeutung, »heraus aus«, hat sich derart abgeschwächt, daß sie oft gar nicht mehr erkennbar ist; an einem Wort wie *Urkunde* kann man aber immerhin erkennen, daß es mit *erkennen* zusammenhängt; auch können sich die meisten von uns nach wie vor einen *Urlaub erlauben. Zer-* leitet sich aus einem alten *zur* her, was soviel heißt wie »auseinander«. Die Vorsilbe *be-* lautete noch im Mittelhochdeutschen *bî-,* was nichts anderes ist als unser heutiges *bei.* (Wer sich *behende* bewegt, ist vielleicht nicht gut bei Fuß, aber jedenfalls *gut bei Händen.*) Die *Be-*deutung ist aber derartig verblaßt, daß sie kaum mehr besagt, als daß etwas in irgendeiner Beziehung zu irgendwas steht – nicht sehr ergiebig! Noch schlimmer sieht es mit der Vorsilbe *ver-* aus; sie bedeutet einfach alles mögliche, und die Suche nach ihren Vorfahren endet im Wirrwarr. Und schließlich gibt es einige zusammengesetzte Verben, die sich gänzlich verselbständigt und gewissermaßen vergessen haben, wem sie ihre Entstehung verdanken. Im Mittelhochdeutschen hieß *bern* noch soviel wie »hervorbringen«; davon ist nur noch *gebären* übriggeblieben, das Verbum simplex ist verschwunden. Ebenso kann, wenn wir Glück haben, nur von *gewinnen* die Rede sein; **winnen* kann keiner.

Natürlich haben die Grammatiker ihre Schäfchen auch noch nach ganz anderen Gesichtspunkten eingeteilt. Vielleicht erinnern Sie sich noch an die Sache mit den Aktionsarten und den Aspekten. So etwas Ähnliches spielt auch bei den zusammengesetzten Verben eine Rolle, und auch da wird nicht mit Fachausdrücken gespart. *Ingressiv* oder *ornativ, privativ* oder *perfektiv, inchoativ* oder *resultativ* – das wäre hier die Frage, die wir aber lieber unbeantwortet lassen wollen. Wichtiger ist allemal eine andere Unterscheidung. Wenn man etwas mit diesen Verben anfangen will, kommt es nämlich vor allem darauf an, ob sie sich *transitiv, intransitiv* oder *reflexiv* gebärden. Es ist schließlich nicht dasselbe, ob ich *mir etwas vorstelle* oder ob *ich mich vorstelle,* ob ich *mich verhöre* oder ob *mich jemand verhört,* ob ich jemandem meine Zustimmung oder ob ich schlicht und einfach selber *versage.* Glücklicherweise kommen wir, wenn es um solche Unterscheidungen geht, gut und gern ohne die Ratschläge der Linguisten aus; wir wissen schon, was gemeint ist.

Das gilt auch für eine andere Spezialität dieser Verben. Meistens lassen sie nämlich, sobald sie eine finite Form annehmen, ihre Vorsilbe fahren, und es kann dann eine ganze Weile dauern, bis diese am Ende des Satzes wieder zum Vorschein kommt. Meistens, aber nicht immer! Mancher Ausländer, der mutig genug ist, Deutsch zu lernen, steht da gelegentlich vor einem Rätsel. Das beginnt schon beim *Übersetzen*. Im einen Fall *übersetzt* man, im andern *setzt* man *über*, je nachdem, ob man am Schreibtisch sitzt oder auf einer Fähre. Jeder *übertritt* früher oder später irgendeine Vorschrift, aber bisher *treten* nur wenige zum Islam *über*. Der eine *stellt* sein Fahrrad *unter*, der andere *unterstellt* einem vielleicht, daß man es geklaut hat. *Läuft* der Kaffee *durch* den Filter, oder *durchläuft* er ihn? Das kommt zwar aufs gleiche heraus, aber grammatisch ist es keineswegs dasselbe. Das sieht man schon daran, daß er im einen Fall *durchgelaufen* ist, während er im andern Fall die Maschine *durchlaufen* hat. Übrigens ist des Rätsels Lösung ganz einfach. Auf die Betonung kommt es an. Ob ich jemanden *úmfahre*, oder ob ich ihn nur *umfáhre* – das ist, anders als beim Kaffeekochen, doch ein Unterschied.

Manchmal hat man den Eindruck, daß die Sprache mit den vielen Vorsilben, die es im Deutschen gibt, den reinsten Schabernack treibt. Niemand könnte auf Anhieb und von vornherein sagen, was da geht – und was nicht. Da hilft nur ausprobieren! Wir sind zu einem kombinatorischen Spiel eingeladen, das viele Möglichkeiten bietet und ebenso viele Fallstricke.

Aus dem Simplex *Gang* sind im Deutschen zahlreiche Komposita hervorgeschossen: *Eingang, Zugang, Vorgang, Rückgang, Aufgang, Abgang, Durchgang, Nachgang, Umgang, Nebengang, Hingang, Hergang, Übergang, Niedergang, Untergang, Fortgang, Zugang …* Aber warum hat es nie zu einem *Dagang, *Ungang, *Beigang, *Hintergang, *Zergang oder *Entgang gereicht? Das leuchtet nicht unbedingt ein; denn wir wissen doch, was *hintergehen, zergehen* und *entgehen* heißt! Trotzdem hören wir, ohne darüber nachzudenken, sehr wohl, bei welchen Zusammensetzungen sich die Zunge sträubt.

Jeder, der Lust dazu hat, kann anhand der folgenden (reichhaltigen, aber immer noch unvollständigen) Auswahl von Präfixen testen, was für Wörter sich mit ihrer Hilfe bilden lassen. Nehmen Sie ein ganz kommunes Verb wie *halten*, *setzen*, *geben* und probieren Sie aus, was sich mit Hilfe unserer zahllosen Vorsilben daraus machen läßt! Sie werden sich wundern! Ein solches Experiment dürfte allerhand exotische Monster produzieren; doch vielleicht führt es auch dann und wann zu einer betörenden oder brauchbaren Kombination, an die bisher kein Mensch gedacht hat.

Ab		Beauf	Durch
Abbe		Beein	Durchbe
Aber		Bemit	Durchzer
Abge		Benach	Ein
Abver		Berück	Einbe
An		Beun	Einneben
Anbe		Bevor	Einver
Aner		Bezu	Empor
Ange	Bei		Ent
Anver		Beibe	Entgegen
Auf		Beige	Er
Aufbe		Beiver	Fehl
Aufge	Da		Fort
Aus		Dabe	Fortbe
Ausbe		Dabei	Fortent
Auser		Daher	Ge
Ausge		Dahin	Gegen
Ausver		Dahinter	Gegenan
Außer		Darauf	Gegenbe
Außerbe		Darüber	Gegenent
Außerge		Darunter	Gegener
Be		Davor	Gegenge
Beab		Dazu	Gegenüber
Bean		Dazwischen	Gegenver

Her
  Herab
  Heran
  Herauf
  Heraus
  Herbei
  Herein
  Hernieder
  Herüber
  Herum
  Herunter
  Hervor
Hin
  Hinab
  Hinan
  Hinauf
  Hinaus
  Hindurch
  Hinein
  Hinüber
  Hinunter
  Hinweg
  Hinzu
Hinter
  Hintan
  Hinterdurch
  Hinterge
  Hinterher
  Hintüber
Los
Miß
Mit
  Mitan
  Mitauf
  Mitbe
  Mitge
  Mitüber

  Mitum
  Mitunter
  Mitver
  Mitzu
Nach
  Nachab
  Nachauf
  Nachaus
  Nachbe
  Nachent
  Nacher
  Nachge
  Nachüber
  Nachum
  Nachunter
  Nachver
Neben
  Nebenab
  Nebenan
  Nebenauf
  Nebenaus
  Nebenbe
  Nebenein
  Nebenent
  Nebener
  Nebenver
  Nebenvor
Nieder
Rück
  Rückbe
  Rückge
  Rücküber
  Rückver
Über
  Überan
  Überbe
  Überein

  Überge
  Überer
  Überver
Um
  Umbe
  Umer
  Umher
  Umhin
  Umver
Un
  Unab
  Unan
  Unauf
  Unaus
  Unbe
  Undurch
  Unein
  Unent
  Uner
  Unge
  Ungegen
  Unhinter
  Unnach
  Unüber
  Unum
  Ununter
  Unver
  Unvor
  Unwider
  Unwieder
  Unzer
  Unzu
  Unzusammen
Unter
  Unterab
  Unteran
  Unterauf

Unteraus
Unterbe
Unterdurch
Unterent
Unterer
Unterge
Unterver
Ver
Verab
Veran
Veraus
Verbe
Verge
Vergegen
Verein
Vernach
Verun
Vor
Vorab
Voran
Vorauf
Voraus
Vorbe
Vorbei
Vorein
Vorent
Vorer
Vorge
Vorher

Vorüber
Vorunter
Vorver
Vorweg
Vorzu
Weg
Weiter
Weiterbe
Weiterent
Weiterer
Weiterfort
Weiterüber
Weiterver
Weiterzer
Wider
Wieder
Wiederan
Wiederauf
Wiederbe
Wiederein
Wiederer
Wiederge
Wiederher
Wiederver
Wiedervor
Wiederzusammen
Zer
Zu

Zube
Zuer
Zuge
Zurecht
Zuver
Zuvor
Zurück
Zurückab
Zurückbe
Zurückent
Zurücker
Zurückge
Zurücküber
Zurückver
Zusammen
Zusammenge
Zuwider
Zwischen
Zwischenan
Zwischenauf
Zwischenbe
Zwischendurch
Zwischenein
Zwischenent
Zwischener
Zwischenbe
Zwischenge
Zwischenver

NACHZÜGLER. Im Deutschen herrscht aber nicht nur ein Gewimmel von Vorsilben, sondern auch von *Suffixen*. Raten Sie bitte! Was hat der Flug mit dem Vieh, der Schlag mit dem Schuh, das Öl mit dem Strick und das Bett mit dem Feuer gemeinsam? Das, was man braucht, um sich zu rasieren, um zu fahren, zu reißen, zu nähen, zu waschen und zu malen? Richtig: ein *-zeug*. Und auch Herzöge,

Schriften, Christen, Virtuosen, Bräuche, Juden, Beamte, Maulhelden, Kleinbürger, Pfaffen, heilige, sieche, reiche, eigene, deutsche und alte Phänomene verbindet mehr miteinander, als Sie denken, ebenso wie das, was wächst, mit dem, was irrt ... Es handelt sich nämlich in all diesen Fällen um -tümer.

Auch dafür haben die Gelehrten eine indogermanische Wurzel ausfindig gemacht: *dhē-, was allerdings bloß »setzen, stellen, legen« heißen soll und uns nicht viel weiterhilft. Daraus wird im Althochdeutschen tuom, und das bedeutet immerhin schon Macht, Besitz, Stand und Würde. Davon ist dem Siechtum freilich nur eine blasse Ahnung geblieben.

Häufiger als die -tümer sind im Deutschen die -ungen, die -nisse, die -heiten, -keiten und -schaften. (Mit ihren schlichteren Geschwistern, die auf -er oder -ei enden, wollen wir uns gar nicht erst befassen. Jeder weiß doch, wie aus einem, der Wörter klaubt, ein Wortklauber, und aus dem, was er tut, eine Wortklauberei wird.) An Bemühungen, auch den -ungen, -nissen usw. feste Schubladen zu verpassen, haben es die Grammatiker selbstverständlich nicht fehlen lassen. Handelt es sich um Nomina actionis? qualitatis? facti? instrumenti? agentis? loci? oder gar patientis? Bange Frage, und gar nicht leicht zu entscheiden. Ist die Bildung ein Zustand, eine Eigenschaft, eine Sache? Ist sie konkret oder abstrakt? Was passiert, wenn aus ihr eine Ab- oder Mißbildung wird? Paßt sie dann noch in dasselbe Schubfach? Ist die Begleitung eine Person, oder könnte es sich auch um eine Aktion oder um ein Instrument, beispielsweise um ein Klavier handeln? Nur bei der Dichtung können wir sicher sein, daß hier ein Faktum vorliegt, sei es auf dem Gebiet der Literatur oder der Sanitärinstallation.

Weiter als die Semantiker haben es, glaube ich, die Etymologen gebracht, die uns wenigstens erklären können, woher die -heiten und die -schaften kommen. Letztere haben offenbar etwas mit dem Schaffen zu tun; altnordisch skap bedeutet jedenfalls »Beschaffenheit« oder »Form« (wie in englisch shape); dann wird die Botschaft aber immer abstrakter und entwickelt sich zur Bezeichnung von Kollektiven, wie beispiels- und passenderweise der *Sprachwissenschaft*.

Ganz ähnlich ist es bei den *-heiten* zugegangen. Hier kann, jedenfalls Wolfgang Pfeifer und den Seinen zufolge, »von einer Wurzel ie. *(s)kāi- ›hell, glänzend‹ ausgegangen werden«, einer lichten Erscheinung also, die dann allerdings, über gotisch *haidus*, »Art« oder »Zustand«, zur beliebigen »Gestalt«, zum »Wesen« oder gar zu einem bloßen Kollektivbegriff nachgedunkelt ist. Und wie die *-heiten*, so die *-keiten*, die sich schlicht und einfach daraus erklären, daß das Suffix an ein Adjektiv wie *ewig* angeschlossen wird und das kleine *g* zum *k* wird, weil niemand ewig über den Hiatus stolpern will, den ein Wort wie *Ewig-heit* bereithält. Immerhin erlauben uns die Zwillingsgeschwister *-heit* und *-keit*, zwischen *Einheit* und *Einigkeit*, *Gelehrtheit* und *Gelehrigkeit*, ja sogar zwischen *Kleinheit*, *Kleinigkeit* und *Kleinlichkeit* zu unterscheiden. Gelobt sei die hemmungslose Fruchtbarkeit unserer Suffixe, auch wenn sie uns Monster wie die *Industrieabfällebeseitigungs-*, *Verbrennungs- und Wiederverwertungs-Aktiengesellschaft* beschert.

Nicht nur die Substantive vermehren sich durch solche Ableitungen wie die Karnickel. Auch die Adjektive treiben es gern mit einer bindungsfreudigen Schar von Suffixen. Wer sie alle aufzählen wollte, müßte ein ganzes Buch über sie schreiben, und nur wer unsere Linguisten schlecht kennt, wird ihnen unterstellen, daß sie es daran hätten fehlen lassen. Nicht nur J. Erben, W. Fleischer, I. Barz und M. Schröder haben sich um alle denkbaren Komposita verdient gemacht. Ebensowenig wie den Worten, die sie analysieren, fehlt es ihnen an Vor- und Nachzüglern.

Manche Nachsilben führen ein Eigenleben. Was *fähig*, *wert* oder *mäßig* bedeutet, bedarf keiner Erklärung. Trotzdem scheint es Leute zu geben, die es nicht begreifen wollen, sonst würden sie nicht behaupten, der Käse, den sie fabrizieren, sei *streichfähig*. Nie und nimmer wird diese fette Matschepampe etwas *streichen*, sie kann allenfalls auf eine Semmel *gestrichen werden.* Ebenso unterscheidet sich ein *zahlungsfähiger* Kunde, der zahlen kann, von einem *zahlbaren* Betrag, der gezahlt wird oder wenigstens gezahlt werden soll; ein Ausdruck, der wiederum nicht mit der *Barzahlung* zu verwechseln ist, auch wenn die meistens erwünscht ist.

-bar gehört übrigens zu der Klasse von Nachsilben, die ihr Eigenleben schon vor langer Zeit eingebüßt haben. Es gehört zur selben Wortfamilie wie *gebären* und *Bahre* und war ursprünglich ein richtiges Adjektiv mit der Bedeutung »tragend, fähig zu tragen, etwas hervorzubringen«. Tatsächlich kann, so *sonderbar* es klingt, fast jedes transitive Verb mit seiner Hilfe ein Adjektiv hervorbringen. Auch wenn das Wort *sondern* meistens nicht als Verbum, *sondern* als Konjunktion auftaucht, dient es doch dazu, alles *Sonderbare* vom Gewöhnlichen, aber auch vom *Absonderlichen* zu *sondern* (oder *abzusondern*). Tut mir leid, aber was kann ich dafür, daß unsere Suffixe mit so *besonders* akrobatischen Tricks aufwarten!

Was *-lich* angeht, so treibt es diese Nachsilbe ganz besonders bunt. Wer Englisch versteht, dem wird dabei sogleich eine Vokabel wie *like* einfallen; auch das Adverbsuffix *-ly* gehört höchstwahrscheinlich (nämlich *most likely*) hierher. Sie alle gehen auf ein germanisches Substantiv *lika* = »Körper, Gestalt« zurück, das auch in den Wörtern *gleich* und *Leiche* herumspukt. Angeblich sind die meisten Adjektive, die auf *-lich* endigen, ebenso wie die auf *-bar*, auf passivische Bedeutungen spezialisiert. Was *erklärlich* oder meinetwegen auch *erklärbar* ist, kann eben im Prinzip erklärt werden. Auch lassen sich *lösliche* Salze und *lösbare* Probleme lösen. Doch um den *Bänglichen* wird keineswegs gebangt; er selber ist es, der bangt. *Kürzliche* Erfahrungen lassen sich nicht ohne weiteres kürzen und *herbstliche* Tage nicht herbsten.

Noch ratloser stehen die Semantiker da, wenn sie die chaotische Potenz der Nachsilbe *-ig* auf den Begriff bringen sollen. Sie kann nämlich einfach alles mögliche bedeuten. *Aktivisch?* Gewiß, der *Tätige* tut was, aber der *Kräftige* kräftigt nicht, sondern ist selber kräftig. *Ornativ?* Allerdings blutet eine *blutige* Stirn, der *blutige* Laie dagegen kommt mit heiler Haut davon. *Instrumental?* Schon möglich: die *linkshändige* Frau braucht eine passende Nagelschere, aber der *o-beinige Mann* ist auf ein O nicht angewiesen. *Lokal? Temporal?* Zwar dauert eine *langjährige* Freundschaft lang, aber muß ein *volljähriger* Sohn voll sein? Der Witz ist, daß bei vielen solchen Zusammensetzungen nur alle drei Teile zusammen ein Wort ergeben. Weder **viertür* noch **türig* sind deutsche Vokabeln, wohl aber das, was entsteht, wenn sie sich zusammentun: *viertürig.* Und die Nachsilbe –*ig* hat, unbeschadet ihrer etymologischen Herkunft, eine Bedeutung, die man angeben kann, auch wenn sie äußerst inhaltsarm ist. Wörter auf *-ig* haben einfach irgend etwas mit dem Stamm zu tun, an den das Suffix angehängt wird. Nicht mehr und nicht weniger. Ähnliches gilt für die Nachsilben *-lich, -heit, -keit* usw., die ebenfalls weitgehend semantisch leer sind.

So spotten die Suffixe vielen, aber nicht allen Regeln. Aber Vorsicht! Nicht einmal dort, wo sie gewissermaßen nein sagen, ist auf sie Verlaß. Manche sträuben sich gegen ihr Gegenteil und lassen es nicht zu, daß wir jemanden **nahbar*, **ersetzlich*, oder **übertrefflich* finden. Wieder andere Komposita bleiben uns, obwohl wir vielleicht *vergeßlich* sind, dadurch in Erinnerung, daß sie plötzlich ihren Sinn ändern wie das Chamäleon seine Farbe, sobald sie sich selbst negieren und zum *Unvergeßlichen* mutieren. Ebensowenig legt das *Unheimliche* offen, was wir *heimlich* tun oder denken. Schließlich möchte niemand gern **vergleichlich* sein, nicht nur, weil diese Vokabel in keinem Wörterbuch steht, sondern weil wir alle lieber *unvergleichlich* sein und bleiben möchten. Eine kleine Vorsilbe genügt, und schon ist uns geholfen.

Eine weitere *Unart* legt die Vorsilbe *Un-* dort an den Tag, wo sie das Stammwort nicht negiert, sondern ganz im Gegenteil noch verstärkt. Eine *Untiefe* ist meistens gar nicht tief, eine *Unmenge* ist riesig, eine *Unsumme* unbezahlbar. Nicht einmal auf diese Umkehrlogik ist Verlaß. Denn der *Unmut* ist weder die Steigerung des Mutes, noch seine Negation, und ähnlich bizarr geht es beim *Unding*, beim *Unflat* und bei der *Unzucht* zu.

(UN)VERGLEICHLICH. Immer diese Unzufriedenheit! Nicht genug, daß einer gut, wichtig, reich ist; noch besser, noch wichtiger, noch reicher will er sein. »Hinauf, empor! Dein Wahlspruch sei *Excelsior*!« (Alfred, Lord Tennyson). Ein bißchen mehr tut es nicht, Ziel ist der Rekord, die Goldmedaille: »Spieglein, Spieglein an der Wand, wer ist die Schönste im ganzen Land?«

Die Grammatiker nennen das die Steigerung. *Positiv* ist nicht positiv genug, es folgt der *Komparativ*, und auf den der *Superlativ*. (Außerdem gibt es noch den *Elativ*, der ohne Vergleich auskommt. *Bravissimo!*) Und für all das gibt es Regeln. Meistens tut es ein schlichtes Suffix: *doof, doofer, am doofsten; silly, sillier, silliest; stultus, stultior, stultissimus*. Oder aber man behilft sich mit Steigerungspartikeln: *stupid, more stupid, most stupid; bête, plus bête, le plus bête*. Aber nicht immer! Wie so oft in der Grammatik, tanzen gerade die *wichtigsten*, die *gewöhnlichsten* Wörter aus der Reihe. In den *meisten* Sprachen werden sie unregelmäßig gesteigert:

viel, mehr, am meisten; much/many, more, most; beaucoup, plus, le plus; multum, plus, plurimum;
gut, besser, am besten; good, better, best; bon, meilleur, le meilleur; bonus, melior, optimus;
bad, worse, worst; mauvais, pire, le pire; malus, peior, pessimus (in diesem Fall haben es die Deutschen mit *schlecht, schlechter, am schlechtesten* gewissermaßen *besser*).

Die Steigerungspartikel, wie *plus, più, más*, kommen ihrerseits aus dem Lateinischen, wo sie eben *plus* oder *magis* hießen.

Aber so einfach ist das alles nicht. Wie immer, so gebärdet sich die Sprache auch in diesem Fall eigensinnig. Nicht alles läßt sich beliebig steigern. Das **gesteigertste* Adjektiv gibt es nicht, ebenso-

wenig wie den *totesten Hund, die *schwangerste Frau und die
*mündlichste Rede. Auch auf das *tiefstempfundenste Beileid wird
niemand Wert legen, und das *größtmöglichste Entgegenkommen
kann uns gestohlen bleiben.

Es ist überhaupt nicht gesagt, daß jede Steigerung etwas bringt.
Es kann sogar sein, daß der Komparativ den Positiv gar nicht über-
trifft, sondern eher umgekehrt, daß er ihn vermindert. Ein *älterer
Herr* ist keineswegs *älter* als ein *alter Herr*; die *bessere Wohngegend*
mag *gut* sein, aber die *gute* ist im Zweifelsfall *besser*; und eine
größere Summe ist meist kleiner als eine *große*.

Überhaupt hat die Sucht, alles mit allem zu vergleichen, natürlich
ihre zwei Seiten. Die Steigerung dient auch der Verminderung. Was
wäre der *Allergescheiteste* ohne den *Allerdümmsten*! Unersättlich
ist die Lust am kleinen oder großen Unterschied, und mit sprachlichen Mitteln, um ihn auszudrücken, sind wir reich gesegnet.
Wozu haben wir einen so üppigen Vorrat an Steigerungspartikeln?
Oft ersetzen sie die Flexion. Schließlich genügt es nicht, zwischen
dem *Dummen*, dem *Dümmeren* und dem *Dümmsten* zu unterscheiden. Einer kann außerdem ja noch *außerordentlich*, *enorm*,
äußerst, *unglaublich*, ja sogar *irre dumm* sein für den Fall, daß
es uns nicht genügt, ihn als *sehr dumm* zu bezeichnen. Das wäre eigentlich schon verletzend genug; denn das Wort *sehr* hat ursprünglich soviel wie »schmerzlich« bedeutet. Ein *sehr* dummer Mensch
wäre also so dumm, daß es förmlich weh tut.

Ob man das von einem sehr gescheiten auch behaupten könnte?
Vielleicht, wenn er *immer noch gescheiter* daherredet oder *dermaßen* gescheit ist, daß er uns auf die Nerven geht; oder wenn er
mit einem *Präfixoid* ausgestattet daherkommt. Darunter versteht
man eine Vorsilbe, die seine Gescheitheit weiter steigert, so daß er
einen *über-*, *super-*, *sieben-* oder gar *neunmalgescheiten* Eindruck
macht. Auf diese Weise wird auch ein *müder* Mann *todmüde*, ein
glücklicher überglücklich, ein *gemeiner* Kerl zu einem *hundsgemei-
nen*, und so fort. Das funktioniert nicht nur mit Adjektiven. Jeder

Erfolg kann zum *Riesenerfolg* werden, wenn man ihm die richtige Vorsilbe verpaßt. Versuchen Sie selbst, wozu solche Präfixoide imstande sind. Hier ist eine kleine Liste:

ur-, blut-, erz-, hoch-, grund-, kreuz-, brand-, knall-, stock-, extra-, bitter-, scheiß-, ultra-, mords-

{..

....}

Zugegeben, *hoch-elegant* sind solche Ausdrucksweisen nicht gerade. Der Hang zur Übertreibung kann verstimmen. Aber gerade darin liegt der Reiz. *Augmentativa*, so nennen das die Grammatiker, eignen sich ebensowohl zur Beschimpfung wie zur Angeberei. Wer auf dem Putz hauen will, dem sind sie *hoch-willkommen*. Die Werbung, die stets mit heraushängender Zunge hinter dem herhechelt, was sie für die Jugendsprache hält, wäre ohne sie aufgeschmissen. Da geht es eben stets *affengeil*, *saugut* und *supercool* her. Nur daß die Halbwertzeit solcher Beteuerungen meistens sehr begrenzt ist. Nach einer Weile hört sich das alles altbacken an; dann ist das Präfixoid *ur-plötzlich mega-out*.

Und wie steht es mit dem umgekehrten Bedürfnis? Etwas, statt es zu steigern, zu verkleinern? Es gibt zu denken, daß die *Diminutiva*, ganz im Gegensatz zu ihren auftrumpfenden Pendants, den Augmentativa, weit weniger beliebt sind. Vielleicht liegt es in der Natur der Sache, daß sie bescheidener auftreten; vielleicht ist es aber auch der Natur der menschlichen Spezies zuzuschreiben. Die sprachlichen Mittel jedenfalls muten armselig an. Außer den beiden Suffixen *-chen* und *-lein* wird hier wenig geboten, und die hören sich nicht nur klein, sondern auch lieb und nett an. (Sie lassen sich auf idg. **-īno*, **-eino* zurückführen, was soviel wie Zugehörigkeit oder Abstammung ausdrücken soll.) Ansonsten fallen mir nur noch ein paar Ableitungen aus anderen Sprachen ein, wie *Mini-Rock* oder *Oper-ette*, außerdem die Verkleinerung, die erzielt wird, wenn man aus dem *Vater* einen *Vati*, aus dem *Heinrich* einen *Heini* und aus der *Maus* eine *Mausi* macht.

Zu beneiden sind in dieser Hinsicht wieder einmal die Italiener. Sie können nämlich praktisch alles und jeden nach Belieben vergrößern oder verkleinern, je nachdem, wonach ihnen der Sinn steht. Ein *pigrone* ist erheblich fauler als ein *pigro*, ein *giovanotto* eher jünger als ein *giovane*. Der *piccoletto*, der Ärmste, ist nicht einfach *piccolo*, sondern geradezu winzig, und das unentbehrliche *telefonino* paßt, im Gegensatz zum *telefono*, in die Handtasche. Diese praktischen Suffixe drücken nicht nur die schiere Größe aus, sondern, je nachdem, auch verschiedene Grade von Zärtlichkeit, Tadel, Vertrautheit, Bewunderung und Verachtung. So ist *un affaruccio* nicht einfach ein kleines, sondern meistens auch ein mieses, ein windiges Geschäft. *Vive la différence!*

Siebente Runde

ELEMENTARTEILCHEN. Die klassische Grammatik hatte für die *Partikel* nie viel übrig. Die Wörter, die dieser Klasse angehören, sind unveränderlich; sie lassen sich auf keine Flexion ein, und deshalb haben sie auch keines jener interessanten Paradigmen zu bieten, mit denen man Schulkinder quälen kann. Auch der Eigensinn, den sie an den Tag legen, hat sie nicht beliebter gemacht. Lange wurden sie als »Füll-« oder gar als »Flickwörter« bezeichnet. Noch frecher ist die Behauptung, sie seien bedeutungsarm oder hätten keine grammatische Funktion, wie man da und dort immer noch lesen kann. Das ist natürlich gelogen. Die Partikel stellen ganz im Gegenteil die Grammatik vor höchst verwickelte und amüsante Probleme, und die Forschung hat sich ihrer in den vergangenen Jahrzehnten mit dem größten Eifer angenommen.

Aber wie Manfred Bierwisch, ein Experte auf diesem Gebiet, uns wissen läßt, »hat auch die linguistische Theorie keine klare oder gar abschließende Vorstellung davon, was Partikel sind. Vermutlich gehören sie in mehrere ziemlich verschiedene Kategorien oder Klassen, aber selbst dafür sind die Kriterien nicht klar.« Das kann man wohl sagen! Unsere *bête noir*, der Duden, wirft sie mit Konjunktionen, Adverbien und Interjektionen zusammen auf einen Haufen, bei dem es schwer fällt, Kraut und Rüben zu unterscheiden. Andere haben sich die Mühe gemacht, die Partikel zu sortieren und in kleinen Schubladen unterzubringen, auf denen *Grad-, Skalen-, Fokus-Modal-, Antwort-* und *Negationspartikel* steht. Leider stellt sich bald heraus, daß manche der Kandidaten munter zwischen dem einen und dem andern Fach hin- und herspringen.

Überhaupt führen die Partikel, besonders im Deutschen, ein phantastisches, koboldartiges Eigenleben. (Nicht einmal darüber, ob sie *Partikel* oder *Partikeln* heißen sollen, besteht Einigkeit.) »Zu diesem merkwürdigen Befund« – hier spricht wieder mein Gewährsmann Professor Bierwisch – »gehört ferner, daß sie in ihrer Bedeutung nicht nur unscharf oder wacklig wirken, sondern im Vergleich zu den verläßlichen Gegenstücken wie *Kreis*, *Tomate*, *grün* oder auch *liegen*, *sitzen* und *schlafen* oder sogar *vor* und *hinter* oft eigentlich gar keine eigene Bedeutung zu haben scheinen.« (Also hätten die alten Schulmeister doch recht?)

»Wörter wie *auch*, *doch*, *wieder*, *schon* bringen vor allem Unterstellungen ins Spiel, technisch gesprochen Präsuppositionen, Hintergrundbedingungen, die dann aber doch die ganze Perspektive ändern, und das obendrein auf höchst präzise Weise.«

Am besten, wir probieren das gleich an einem möglichst harmlosen Beispiel aus und schauen zu, was passiert, wenn *eine es nicht gewußt hat.*

Sie hat es nicht gewußt.
Sie hat es doch nicht gewußt.
Sie hat es selbst nicht gewußt.
Sie hat es ja nicht gewußt.
Sie hat es auch nicht gewußt.
Sie hat es gar nicht gewußt.
Sie hat es wohl nicht gewußt.
Sie hat es einfach nicht gewußt.
Sie hat es noch nicht gewußt.
Hat sie es denn nicht gewußt?
Sie hat es eben nicht gewußt.
Sie hat es aber nicht gewußt.
Sie hat es nur nicht gewußt.
Eigentlich hat sie es nicht gewußt.
Wenigstens hat sie es nicht gewußt.

Überhaupt hat sie es nicht gewußt.
Vielleicht hat sie es nicht gewußt.
Hat sie es etwa nicht gewußt?
Sogar sie hat es nicht gewußt.

Mag ja sein, daß die Partikel, die eine so unschuldige Miene machen, eigentlich gar keine eigene Bedeutung haben; um so tiefer greifen sie aber, gewissermaßen hinterrücks, in jeden Satz ein, den sie heimsuchen. Mit der kleinen Liste, die Sie gerade durchmustert haben, sind ihre proteischen Fähigkeiten keineswegs erschöpft. Denn zum einen ergeben sich aus ihr, je nach der Betonung, die wir wählen, zahlreiche weitere Bedeutungsvarianten:

VIELLEICHT hat sie es nicht gewußt.
Vielleicht HAT sie es nicht gewußt.
Vielleicht hat SIE es nicht gewußt.
Vielleicht hat sie es NICHT gewußt.
Vielleicht hat sie es nicht GEWUSST.

Zum andern brauchen wir nur die Wortstellung zu verändern, und schon sehen die meisten Sätze wieder ganz anders aus. (Das haben wir schon in einem anderen Zusammenhang ausprobiert.) Und drittens treten die Partikel auch noch ganz gerne paarweise auf, und dann hört sich die Sache so an:

Sie hat es eben doch nicht gewußt.
Sie hat es nur noch nicht gewußt.
Hat sie es denn nicht gewußt?
Sie hat es vielleicht gar nicht gewußt.

Paarweise? Zu zweit? Damit begnügen sich die Partikel nicht. Sie können ohne weiteres auch als Drillinge oder Vierlinge – was sage ich! – sogar zu fünft oder zu sechst auftreten, in Sätzen wie dem folgenden: *Sie hat es ja wohl doch nur wieder nicht gewußt.* Die Zahl der möglichen Wortstellungen, Betonungen und Kombinationen ist unfaßbar groß, und in jedem einzelnen Fall produzieren unsere kleinen Kobolde eine neue, subtil abschattierte Bedeutung. Das soll ihnen einmal ein breitbeinig daherkommendes Substantiv nachmachen! Unfaßbar, wie unser Gehirn die vertrackten Bedingungen, die dabei eine Rolle spielen, mühelos ausrechnet.

Ein bescheidenes Postskriptum verdienen vielleicht Partikel, die in geschriebenen und gedruckten Texten gar nicht vorkommen, in der mündlichen Kommunikation aber unentbehrlich sind, wenn ein Sprecher sicher sein will, daß man ihn verstanden hat, oder wenn er auf Zustimmung hofft. Ein Schweizer wird in solchen Fällen seiner Aussage das Fragepartikel *odr?* anhängen, ein Hamburger *nöch?* und ein Sachse *nä?*. Ein Franke bekräftigt mit dem Wort *gell?*, daß das, was er sagt, gelten soll. (Die Höflichkeitsform erzwingt eine höchst originelle Pluralbildung; denn wenn man per Sie ist, muß es *gelln'S* heißen, obwohl sich Partikel bekanntlich nicht deklinieren lassen.) Das Bairische kennt eine Bekräftigungs- und Beschwörungsformel, die äußerst vielseitig verwendbar ist und ebenfalls mit einem Partikel, nämlich mit *feĩ* operiert: *Dees deàfst feĩ need dõã* = »Das darfst du auf keinen Fall tun«. *Bãi dà dees feĩ need bàssd* = »Wenn dir das etwa nicht paßt«. *Dees hãwi feĩ säiwà gmãin* = »Ich möchte betonen, daß ich das selbst gemalt habe«. Mit einem Wort: Es wär *feĩ* recht fad, wenn wir ohne unsere Partikel-Quarks auskommen müßten, *gell?*

NULLSÄTZE UND GESPRÄCHSKILLER. Die Sprüche, von denen nun die Rede sein soll, finden sich in jedem guten Wörterbuch. Jeder kennt sie. Gleichwohl geben sie manches Rätsel auf. Schon weil sie vieles ungesagt lassen (also die *Ellipse* bevorzugen), sind sie ohne Kontext so gut wie unverständlich. Sie sind in der mündlichen Rede zu Hause; es gehört sich eigentlich nicht, sie aufzuschreiben.

Ein außergewöhnlicher Reichtum an Tonfällen sorgt dafür, daß keine Mißverständnisse auftreten, obwohl ihre Semantik gewissermaßen in der Luft hängt. Sie setzen also ein intimes Hintergrundwissen voraus und sind durchaus von der sozialen Situation abhängig, in der sie geäußert werden. Man tut gut daran aufzupassen, daß man mit seinen Nullsätzen und Gesprächskillern nicht an den Falschen gerät!

Heikel ist aber auch ihr Verhältnis zur Grammatik. Syntaktisch gehen sie gern eigene Wege. Manchmal läßt sich weder ihr Subjekt noch ihr Objekt leicht bestimmen. *Es tut sich was* oder *Damit hat sich's*: hier ist völlig unklar, wer da etwas tut oder hat, noch dazu in reflexiver Gestalt. *Sei dem, wie ihm wolle* verleitet insofern zum Grübeln, als weder deutlich wird, wer da will, noch wem da etwas sei oder gewollt wird. Die normalen Kasusregeln werden in diesem Fall einfach außer Kraft gesetzt.

Das Repertoire an Intonationen ist äußerst reichhaltig: laut, leise, höhnisch, gelangweilt, witzelnd, aufgebracht, übermütig, arrogant – mit ein paar Silben werden alle diese Nuancen ausgedrückt. Manche dieser Nullsätze signalisieren Überraschung, Erstaunen, gutmütiges Zureden oder schiere Ahnungslosigkeit. Doch die aggressiven Töne überwiegen bei weitem: Ablehnung, Überheblichkeit, Rechthaberei, Ironie und Grobheit. Verblüffend vielen solcher Wendungen hört man an, daß es ihnen darauf ankommt, das letzte Wort zu behalten. Sie dienen dazu, den Gesprächspartner förmlich niederzubügeln und mundtot zu machen.

Dabei wimmelt es von performativen Widersprüchen, die solche destruktiven Absichten verleugnen möchten: *Ich bin sprachlos*, *Das ist nicht gesagt* oder *Ich denke nicht daran* – das sind Sätze, die sich, ohne mit der Wimper zu zucken, selbst widerlegen.

Gelegentlich werfen Nullsätze, gewissermaßen hinter dem Rükken des Sprechers, metaphysische Probleme auf. *Da hört sich ja alles auf* ließe sich als Ankündigung des Weltendes verstehen, wobei auch in diesem Fall das Reflexivum irritiert. *Sei doch nicht so* oder

Du bist mir einer – diese Sätze rütteln an der Frage der Identität. *Dem ist nicht so*: wem ist hier anders? Der *benefaktive Dativ* bezieht sich auf ein unbekanntes Es, dem ein anderes Es nicht so ist – ein ontologisches Mysterium. In aller Unschuld lassen sich manche Nullsätze auf ein Match mit dem Nichts ein, das in Formulierungen wie den folgenden nichtet: *Ich mache mir nichts daraus*, was auf die Umkehrung einer *creatio ex nihilo* hinausläuft, wobei offenbleibt, was hier zunichte gemacht wird. Immerhin ist ein Subjekt der Vernichtung erkennbar. Hingegen gerät man ins Taumeln bei der Frage, welches *Das* und welches *Es* gemeint sein könnte, von dem es heißt: *Da fehlt sich nichts, Das macht nichts* oder gar *Das nimmt sich nichts*.

Sicherlich haben es die Linguisten nicht an Eifer fehlen lassen, um Licht in das Dunkel der Nullsätze zu bringen. Zugegeben, in manchen Fällen handelt es sich um eine rhetorische Frage, um die Schwundstufe einer erloschenen Metapher, um ein vergessenes Sprichwort, einen abgestorbenen Witz oder ein verlorengegangenes Komplement. *Deiktisch* heißen Sätze, die auf eine gegebene Situation verweisen, ohne deren Kenntnis sie unverständlich bleiben, usw. usw.

Aber können solche Erklärungen die Abgründe ausloten, über welche die Sprache des Alltags hingleitet wie der Reiter über den Bodensee? Wer da innehält, dem kann leicht schwindlig werden. Mir jedenfalls fehlt die Kraft und die Lust, diese unentbehrlichen Sprüche zu erklären oder auch nur zu klassifizieren. Am einfachsten tut man sich, wie so oft, mit einem Fachausdruck: Man nennt solche Redewendungen einfach *Idiome* oder, noch hochgestochener, feste *Syntagmen*, *Makrosemen*, *Phraseologismen*. »In diesen Fällen«, erklärt ein einschlägiges Lexikon, »ist die Behandlung des Idioms als unanalysierbare Lexikoneinheit unzureichend.« Das finde ich auch. Wehe dem Dolmetscher, der auf die Idee verfiele, so etwas wörtlich zu übersetzen. Dabei würde sich rasch herausstellen, daß wir, obwohl man uns auf Anhieb versteht, in Rätseln sprechen: *This makes nothing. Ahí nada se hace falta:* die einzig mögliche Antwort auf solche Sätze wäre *I understand only station.*

Eine Liste einschlägiger Ungeheuer kann gar nicht lang genug sein:

Aber aber!
Aber hallo!
Aber jetzt mal im Ernst.
Aber woher denn!
Ach ja?
Ach nee!
Ach so!
Ach was!
Aha!
Alles was recht ist!
Also sowas!
Auch das noch!
Auch wieder wahr.
Auf so eine Idee kannst
   auch nur *du* kommen.
Ausgerechnet!
Beweis!
Bitte, wie du meinst.
Bla bla bla.
Da bin ich aber platt.
Da bist du auf dem
   falschen Dampfer.
Da fehlt sich nichts.
Da gehst du am Stock!
Da gibt's gar nichts!
Da haben wir's.
Da hört sich doch alles auf!
Da ist nichts dran.
Da komme ich nicht mehr mit.
Da könnte ja jeder kommen.
Da lachen ja die Hühner!

Da muß ich passen.
Da sagst du was!
Da schau einer an!
Daher weht also der Wind!
Damit du es weißt!
Damit hat sichs.
Damit ist alles gesagt.
Damit kannst du
   mir nicht kommen.
Daran ist nicht zu denken.
Darauf kannst auch nur *du* kommen!
Darüber kann ich nur lachen!
Darum geht es nicht.
Darunter tust du's wohl nicht?
Das besagt gar nichts.
Das brauchen Sie *mir*
   nicht zu sagen.
Das bringt nichts.
Das darf doch nicht wahr sein!
Das fragt sich.
Das führt zu nichts.
Das gehört nicht hierher.
Das geht ja auf keine Kuhhaut!
Das gibt sich.
Das gibt zu denken.
Das gibt's doch nicht!
Das glaubst du doch selber nicht.
Das habe ich kommen sehen.
Das haben *Sie* gesagt!
Das hat gerade noch gefehlt.
Das hat nichts zu sagen.

Das hat was.
Das hättest du wohl gern.
Das ist doch kein Thema.
Das ist es ja eben!
Das ist *Ihre* Meinung.
Das ist ja allerhand.
Das ist ja das letzte.
Das ist ja ganz was Neues.
Das ist ja nicht mehr feierlich!
Das ist kein Argument.
Das ist leicht gesagt.
Das ist mir zu hoch.
Das ist nicht der Punkt.
Das ist nicht gesagt.
Das ist was anderes!
Das kann nicht dein Ernst sein.
Das kann jeder sagen.
Das kann man so nicht sagen.
Das kannst du vergessen.
Das kannst du zweimal sagen.
Das kennt man.
Das könnte dir so passen!
Das läßt ja tief blicken!
Das läßt sich hören.
Das macht nichts.
Das mir!
Das möchte ich überhört haben.
Das mußt gerade du sagen!
Das nimmt sich nichts.
Das sagst *du!*
Das sagt alles.
Das sagt sich so leicht.
Das sehe ich nicht.
Das sieht dir ähnlich!
Das sollte ich meinen!
Das tut nichts zur Sache.
Das wäre ja gelacht.

Das wäre ja noch schöner.
Das werden wir gleich haben.
Das will etwas heißen!
Das will ich aber schwer hoffen!
Das will nichts heißen.
Das zählt nicht.
Das zieht bei mir nicht.
Daß ich nicht lache!
Davon kann keine Rede sein.
Dem ist nichts hinzuzufügen.
Denkste!
Drum!
Du bist gut.
Du bist mir einer!
Du brauchst gar nichts zu sagen!
Du gefällst mir!
Du hast leicht reden!
Du merkst aber auch alles!
Du mußt es ja wissen!
Du sagst es.
Du tust dich leicht!
Du weißt nicht, was du sagst.
Eben.
Echt?
Ehrlich?
Finden Sie?
Geh zu!
Genug davon!
Geschenkt!
Glaub ja nicht!
Hab dich nicht so!
Hast du Töne!
Hört, hört!
Ich bin doch nicht von gestern!
Ich bin sprachlos.
Ich bitte dich um alles in der Welt.
Ich denke nicht daran.

Ich hab's geahnt.
Ich höre wohl nicht recht.
Ich kriege das nicht auf die Reihe.
Ich meine ja nur.
Ich muß doch sehr bitten.
Ich muß mir das nicht anhören.
Ich sage gar nichts mehr.
Ich verbitte mir das.
Ich verstehe immer nur Bahnhof.
Ich weiß nicht was das soll.
Ich will ja nicht so sein.
Ich will ja nichts gesagt haben.
Im Ernst?
Ist das alles?
Ja dann!
Ja so was!
Ja wenn das so ist.
Ja wer sagt's denn!
Ja wo sind wir denn?
Ja, wo gibt's denn so was?
Jetzt auf einmal.
Jetzt ist es aber genug.
Jetzt mach mal einen Punkt!
Jetzt reicht's.
Kann sein, kann auch nicht sein.
Kommt ganz darauf an.
Können vor Lachen!
Lassen Sie sich das gesagt sein.
Lassen wir das.
Mag sein.
Mehr ist dazu nicht zu sagen.
Mein lieber Schwan!
Meine Güte!
Meine Rede!
Meinetwegen!
Mir fehlen die Worte.
Mit mir könnt ihr es ja machen.

Mit mir nicht.
Muß das sein?
Na bitte!
Na dann Prost!
Na dann gute Nacht!
Na hör mal!
Na ich danke!
Na sag mal!
Na schön.
Na so was.
Na und?
Na, na!
Naja.
Nanu?
Nebbich.
Nein sowas!
Nicht daß du denkst!
Nicht daß ich wüßte.
Nicht mit mir.
Nicht zu fassen!
Nichts da!
Nur damit du es weißt!
Nur zu!
O, là, là!
Oder auch nicht.
Ohne mich.
Prost Mahlzeit!
Punktum.
Rede du nur!
Sag bloß!
Sag *das* nicht!
Sag das nochmals!
Sage ich doch!
Sauber!
Schon gut.
Schon möglich.
Schön wär's.

Schon.
Schwerlich.
Sei dem, wie ihm wolle.
Seit wann denn?
Selten so gelacht!
Sie sind mir der Richtige!
Sieh mal einer an!
So einfach ist das!
So haben wir nicht gewettet.
So hättest du's wohl gern.
So nicht!
So siehst du aus!
Soll das ein Witz sein?
Sonst fehlt dir nichts?
Sonst noch was?
Soso.
Soweit kommt's noch!
Sowieso!
Tu doch nicht so!
Typisch!
Überlaß das gefälligst mir!
Und?
Und damit hat sich das.
Und das mir!
Und ob!
Und wenn schon!
Vergiß es!
Von mir aus.
Von wegen!
Was besagt das schon.
Was denn sonst!

Was denn, was denn!
Was du nicht sagst!
Was glaubst du, wer du bist?
Was ist schon dabei!
Was sagt uns das?
Was soll denn das heißen?
Was soll's.
Was weiß ich!
Was weißt denn du!
Weiß der Kuckuck!
Weit gefehlt!
Wem sagen Sie das?
Wenn das alles ist.
Wenn du meinst.
Wenn es weiter nichts ist!
Wenn ich das schon höre!
Wer glauben Sie, daß Sie sind?
Wer hätte das gedacht!
Wer sagt das?
Wer's glaubt!
Wie dem auch sei.
Wie du meinst.
Wie finde ich das?
Wie komme ich dazu?
Wie man's nimmt.
Wie soll ich das verstehen?
Wirklich?
Wo denkst du hin!
Wo kommen wir denn da hin!
Wofür halten Sie mich?
Worauf du dich verlassen kannst!

{...

....}

PAPPERLAPAPP! Es ist eine verführerische Idee, daß der Klang der Wörter etwas mit ihrer Bedeutung zu tun hätte. Hört sich *spitz* zum Beispiel nicht spitziger an als *stumpf*? Klingt *winzig* nicht winziger als *kolossal*? Aber das täuscht. Wenn es das *i* im Winzigen wäre, das es so winzig macht, warum ist dann das *Riesige* so groß? Und der *Gnom* mit seinem *kolossalen O* so winzig? Es hilft alles nichts: zu jedem Beispiel lassen sich beliebig viele Gegenbeispiele anführen. Wir müssen uns damit abfinden, daß Klang und Bedeutung in keinem definierbaren Zusammenhang stehen.

Weil aber die Sprache letzten Endes über jede Theorie triumphiert, gibt es auch von diesem wohlbegründeten Prinzip ein paar kräftige Ausnahmen. Zum einen sind das die *Interjektionen*, denen oft genug, wer weiß warum, anzuhören ist, was mit ihnen gemeint ist. Bei den Grammatikern sind sie nicht besonders beliebt, schon weil sie sich gegen jede Kategorisierung sträuben; vielleicht auch macht ihre infantile Unbefangenheit sie zu Stiefkindern der Wissenschaft. Sie sind grammatisch nicht integriert und gehen keine geregelten Kombinationen ein. Gerade das macht sie interessant. Sie sind sozusagen Fossilien der Sprachgenese. Es ist somit kein Zufall, daß viele von ihnen der Babysprache nahestehen. Um so stärker ist die Versuchung, eine möglichst lange Liste dieser Zwischenrufe aufzustellen. Immerhin drücken sie eine Fülle von Gemütsbewegungen aus:

Aha! Wumm! Ts, ts, ts! Simsalabim! Ach! Bingo! Oho! Bäh! Hm! Halligalli! Hopp! Auweia! He! Punktum! Heda! Autsch! Los! Amen! Husch, husch! Hoch! Basta! Kusch! Schwupps! Mannomann! Juhu! Igitt! Bums! Bravo! Uff! Hallo! Oje! Topp! Pustekuchen! Heureka! Obacht! Ätsch! Halleluja! Brr! Patsch! Scheiße! Pardauz! Ahoi! Ui! Puh! Hurra! Au! Toi, toi, toi! Hoppla! Holla die Waldfee! Buh! Peng! Pfui! Pst! Zack!
{. . . . .
. . . .}

Fest steht nur, daß es sich um unveränderliche Einsprengsel im Fluß der Rede handelt, die sich um keine Flexion, kein Genus, keine Zeitbestimmung kümmern. Man kann vielleicht unterscheiden zwischen »echten« Interjektionen, deren Herkunft meist im Dunkeln bleibt, und »unechten«, die sich selbst erklären, weil sie eigentlich nichts weiter sind als auf das Existenzminimum geschrumpfte normale Sätze: *Schnauze! Toll! Halt! Echt! Servus! Hilfe! Spitze! Schade!* oder *Alles klar!* Eine dritte Sorte hat sich aus Flüchen oder aus Stoßgebeten entwickelt, aber darüber weiß der aufmerksame Leser ja bereits Bescheid.

Auch unsere Nullsätze und Gesprächskiller nehmen gern die Form der Interjektion an: *Und ob! Hat sich was! Nebbich! Nanu!* Ausdrucksstark sind sie alle, und dazu noch äußerst ökonomisch; mit einem minimalen Aufwand drücken sie ein Maximum von Affekten aus.

Der Comic hat die deutsche Sprache durch eine weitere Sorte von Rufen bereichert, die nicht im Wörterbuch stehen, aber an ältere Lautmalereien wie *Piff, paff, puff!* oder *Rums!* anschließen. Obwohl die berühmte Donald Duck-Übersetzerin Erika Fuchs sie sozusagen aus dem Stegreif erfinden mußte, weil Interjektionen sich notorisch jeder Übertragung von einer Sprache in die andere widersetzen, versteht jeder, was gemeint ist, wenn in einer Blase Wörter wie *Zing!, Bätsch!, Quarr!, Flupp!* oder *Hrmpf!* auftauchen.

Das gilt auch für eine ganz andere Klasse von Wörtern. Niemand kann uns nämlich einreden, daß das Wort *miauen* eine willkürliche Prägung sein soll. Wir hören doch ganz genau, wie das Wort *quieken* quiekt, und *muhen* muht. Die Lautmalerei ist offensichtlich. Die meisten Bezeichnungen für Tierlaute ahmen, mehr oder weniger erfolgreich, die »Sprache« der Tiere nach. Daß uns das nur bis zu einem gewissen Grad gelingt, zeigt sich an den vielen Varianten, die der Menschheit eingefallen sind. Während der deutsche Hahn *kikeriki* kräht, sagt der russische *kukarekú*, der englische *cock-a-doodle-doo*, der schwyzerdütsche *güggerügü* und der französische *cocorico*. Japanische Hähne halten mit ihrem *hototogisu* wahrscheinlich einen Weltrekord. Noch deutlicher unterscheiden sich die Landessprachen der Hunde. Auf deutsch bellen sie *wauwau*, auf englisch *bow-wow*, auf italienisch *bubu*, auf norwegisch *voff voff*, während die spanische Dogge stolz auf ihrem *guau guau* beharrt.

DER HERR NIEMAND. Eine schöne Einrichtung, über die man ins Grübeln geraten kann, sind die sogenannten unpersönlichen Wendungen. »Das Auftreten eines valenzgebundenen leeren *es*-Subjekts ist im Deutschen häufig«, sagen die Grammatiker. Aber wer oder was ist »es«? Ein bloßer Statthalter, eine Verlegenheitslösung, wenn wir nicht wissen, wen oder was wir für irgendein Ereignis, irgendeine Handlung verantwortlich machen sollen?

Kinder wundern sich über diese Redeweise. *Es regnet*: Ist es die Wolke? Ist es der Heilige Florian? Natur- und Wettererscheinungen scheinen keinen Urheber zu haben. *Es taut* ganz einfach, *es friert*, *es schneit*. Sogar Gott scheint sich auf diese ungreifbare Instanz zu verlassen, wenn er sagt: *Es werde Licht!* Sie macht sich aber auch in unserm Inneren bemerkbar, wenn wir behaupten, daß *es uns reut*, daß *es uns friert*, daß *es uns graut* oder daß *es uns an etwas fehlt*. (Hier ist das *es* letzten Endes ein ganz normales Pronomen, das einen Relativ- oder einen Infinitivsatz vorwegnimmt. Auch in anderen Fällen ist es nichts weiter als ein grammatischer Platzhalter. Deshalb verschwindet *es* einfach, wenn man den Satz umformuliert: *Es wird heute demonstriert – heute wird demonstriert*. Aber weil es keine Regel ohne Ausnahme gibt, geht auch das nicht immer: *Es wird regnen heute*, aber nicht: **Heute wird regnen*.)

Sigmund Freud hatte die geniale Idee, ein Substantiv, und das heißt, ein Subjekt daraus zu machen: *das Es* mit einem großen E, das uns, ohne daß wir es merken, umtreibt. Dieses ominöse Es läßt sich von uns nicht herumkommandieren. Vielleicht aus diesem Grund gibt es von den meisten unpersönlichen Wendungen auch keinen Imperativ. Man kann nicht rufen: *Schneie! *Dämmere! *Reue!

Am deutlichsten wird die Magie des *es* in der gewöhnlichsten aller unpersönlichen Konstruktionen, in der Wendung *es gibt*. Welch phantastisches Vertrauen in eine Macht, die uns jederzeit mit allem versieht, was wir brauchen, jedenfalls solange *es* genügend Brötchen, Heizöl, Schuhe und 3,2-Liter Limousinen mit V6-FSI-Direkteinspritzungs-Motor *gibt*. Allerdings kann *es* gelegentlich auch *Ärger, Frost, Probleme* und im schlimmsten Fall sogar *Krieg geben*.

Nicht allen Sprachen ist es *gegeben*, solche Wunder und solche Katastrophen zu bewirken. Auf französisch heißt es schlicht: *il y a*, und das heißt: »es hat dort«, auf italienisch *c'è*: »hier ist«, auf englisch dagegen: »dort ist«, *there is*. Während die Skandinavier sagen: *det finns*, »das wird gefunden«, was immerhin eine Art Suche voraussetzt, begnügen sich Russen mit *est'*, was einfach bedeutet: »ist«. *Buločka est'* = »Brötchen ist«, oder eben: *buločki net* = »des Brötchens keines«. Pech gehabt! Niemand gibt hier etwas, und es wird nichts gefunden.

Wie reich *es* im Deutschen zugeht, mag zu guter Letzt die folgende *Litanei vom Es* zeigen:

> *Es* ist schon wieder soweit. *Es* ist zum Heulen.
> *Es* ist eben so. *Es* wiederholt sich.
> *Es* ist unvermeidlich. *Es* ist kein Zweifel.
> So ist *es* nun einmal. *Es* ist zu bedauern.
> *Es* ist allerhand. *Es* bleibt, wie *es* ist.
> *Es* ist, um aus der Haut zu fahren. [...]
>
> *Es* fällt mir auf, daß *es* immer *es* ist,
> was da juckt, brennt, kitzelt, schmerzt.
> *Es* wird mir zu dumm.
>
> *Es* hört nicht auf. *Es* ist schade,
> daß *es* mir nicht behagt.

Es folgt daraus,
daß *es* mich kränkt, stört, grämt.

Es geht mir auf die Nerven,
auf der Zunge liegt *es* mir,
es brennt mir auf den Nägeln,
es wird mir schwarz vor den Augen.
Es haut hin, haut mich um,
schlägt dreizehn.

Es sagt mir nichts,
hat nichts zu sagen,
bringt nichts,
nimmt sich nichts,
nimmt wunder, nimmt überhand,
zieht sich hin, ist einerlei.

Es schwindelt mir,
es ödet mich an,
ich bin *es* leid.

Es reicht,
ist zuviel, zu spät,
aus und vorbei.
Es hat sein Bewenden,
hat sich.

Und damit wollen auch wir *ES* bewenden lassen.

Quellenverzeichnis

ALLGEMEINE LITERATUR

Frederick Bodmer, *Die Sprachen der Welt. Geschichte – Grammatik – Wortschatz in vergleichender Darstellung*. Köln: Kiepenheuer und Witsch o. J.

Hadumot Bußmann, *Lexikon der Sprachwissenschaft*. Stuttgart: Kröner [2]1990, [3]2002.

David Crystal, *Die Cambridge Enzyklopädie der Sprache*. Frankfurt am Main: Campus 1995.

Franz Dornseiff, *Der deutsche Wortschatz nach Sachgruppen*. Berlin: de Gruyter 1933, [5]1959.

Duden. Grammatik der deutschen Gegenwartssprache. Mannheim: Dudenverlag [6]1998.

Etymologisches Wörterbuch des Deutschen. Erarbeitet unter der Leitung von Wolfgang Pfeifer. Berlin: Akademie Verlag 1993.

Helmut Glück (Hg.), *Metzler Lexikon Sprache*. Stuttgart: Metzler [2]2000.

Jacob und Wilhelm Grimm, *Deutsches Wörterbuch*. Herausgegeben von der Deutschen Akademie der Wissenschaften zu Berlin. 16 Bände in 32, mit einem Band Quellenverzeichnis. Leipzig: Hirzel 1985. Reprint München: dtv 2001.

Harald Haarmann, *Kleines Lexikon der Sprachen. Von Albanisch bis Zulu*. München: Beck [2]2002.

Friedrich Kluge, *Etymologisches Wörterbuch der deutschen Sprache*. Unter Mithilfe von Max Bürgisser und Bernd Gregor völlig neu bearbeitet von Elmar Seebold. Berlin: de Gruyter [22]1989.

Matthias Lexer, *Mittelhochdeutsches Taschenwörterbuch*. Stuttgart: Hirzel [30]1961.

Judith Macheiner, *Das grammatische Varieté oder Die Kunst und das Vergnügen, deutsche Sätze zu bilden*. Frankfurt am Main: Eichborn (Die Andere Bibliothek 74) 1991.

Judith Macheiner, *Englische Grüße oder Über die Leichtigkeit, mit der man eine fremde Sprache erlernen kann*. Frankfurt am Main: Eichborn (Die Andere Bibliothek 203) 2001.

Gustav Muthmann, *Rückläufiges deutsches Wörterbuch. Handbuch der Wortausgänge im Deutschen, mit Beachtung der Wort- und Lautstruktur*. Tübingen: Niemeyer [2]1991.

Hermann Paul, *Deutsches Wörterbuch*. Halle: Niemeyer [3]1921; bearbeitet von Werner Betz, Tübingen: Niemeyer [5]1966.

A. Schlesing, *Deutscher Wortschatz oder Der passende Ausdruck. Praktisches Hilfs- und Nachschlagewerk in allen Verlegenheiten der schriftlichen und mündlichen Darstellung für Gebildete aller Stände und Ausländer, welche einer correcten Wiedergabe ihrer Gedanken in deutscher Sprache sich befleißigen*. Stuttgart: Neff 1881; fortgeführt von Hugo Wehrle und Hans Eggers, Stuttgart: Klett [13]1967.

ZU DEN EINZELNEN KAPITELN

Motti

Kaspar Stieler, *Kurze Lehrschrift von der Hochteutschen Sprachkunst*. In: *Der Teutschen Sprache Stammbaum und Fortwuchs oder Teutscher Sprachschatz*. Dritter Band. Grammatik und Register. Nürnberg: Hofmann 1691. Reprint Hildesheim: Olms 1968.

Manfred Bierwisch, *Wieder-Gänger*. Manuskript.

Erste Runde

Adolf Muschg, *Alchemie der Wörter*. Festvortrag anläßlich des 150-jährigen Jubiläums des *Deutschen Wörterbuches* der Brüder Jacob und Wilhelm Grimm am 5. Juli 2004. Manuskript.

Ludwig Wittgenstein, *Tractatus logico-philosophicus*. 1921. Reprint Frankfurt am Main: Suhrkamp 1963.

Rudolf Carnap, *Der logische Aufbau der Welt. Versuch einer Konstitutionstheorie der Begriffe*. Berlin: Weltkreis 1928. Hamburg: Meiner ³1966. Derselbe, *Logische Syntax der Sprache*. Wien: Springer 1934.

Hugo Ball, *Katzen und Pfauen*. In: *Gesammelte Gedichte*. Herausgegeben von Annemarie Schütt-Hennings. Zürich: Arche 1963.

Noam Chomsky, *Syntactic Structures*. Den Haag: Mouton 1973. Derselbe, *Reflexionen über die Sprache*. Frankfurt am Main: Suhrkamp 1977.

Graphik S. 17, längeres Zitat S. 18 aus: Bußmann, a.a.O.

Zu den australischen Sprachen ohne funktionelles Subjekt siehe:
Bernhard Comrie und Martin Haspelmath, *Die Bibliothek von Babel*. In: *Max-Planck-Forschung*. München, Heft 2, 2003.

Zur Gebärdensprache siehe:
Edward S. Klima and Ursula Bellugi, *The Signs of Language*. Cambridge, Mass.: Harvard University Press 1979.

Heinrich von Kleist, *Penthesilea*. 1. Akt, 3. Szene. In: *Sämtliche Werke und Briefe*. Band 1. München: Hanser 1993.

Ernst Jandl, *lichtung*. In: *lechts und rinks. Gedichts, statements, peppermints*. München: Luchterhand 1995.

Zweite Runde

D. Martin Luther, *Biblia: das ist: Die gantze Heilige Schrifft: Deudsch Auffs new zugericht*. Wittenberg 1545. Letzte zu Luthers Lebzeiten erschienene Ausgabe. Herausgegeben von Hans Volz unter Mitwirkung von Heinz Blanke. München: Rogner & Bernhard 1972.

Ludwig Merkle, *Bairische Grammatik*. München: Heimeran 1975.

Jakob Ebner, *Wie sagt man in Österreich? Wörterbuch der österreichischen Besonderheiten*. Mannheim: Bibliographisches Institut ²1980. *Österreichisch-Deutsches Wörterbuch*. Zusammengestellt von Astrid Wintersberger unter Mitarbeit von H. C. Artmann. Salzburg: Residenz 1995.

Schweizerisches Idiotikon. Wörterbuch der schweizerdeutschen Sprache. Frauenfeld: Huber 1881ff. Kurt Meyer, *Wie sagt man in der Schweiz? Wörterbuch der schweizerischen Besonderheiten*. Mannheim: Bibliographisches Institut 1989. Isabelle Imhof, *Schwiizertüütsch – das Deutsch der Eidgenossen*. Bielefeld: Rump ⁸2003

Luxemburger Wörterbuch. Fünf Bände. Luxemburg: Linden 1950-1954, Luxemburg: Kraus ³1995–1996.

Claude Guizard und Jean Späth, *Wörterbuëch vum dreifache Wortschatz*. Strasbourg: Éditions du Rhin 1992.

Haarmann, a.a.O.

Friedrich Rückert, *Amara, bittre, was du thust, ist bitter*. In: *Gesammelte Gedichte. Zweiter Band*. Erlangen: Heyder 1836. Frei bearbeitet in: *Das Wasserzeichen der Poesie oder Die Kunst und das Vergnügen, Gedichte zu lesen*. In hundertvierundsechzig Spielarten vorgestellt von Andreas Thalmayr. Nördlingen: Greno (Die Andere Bibliothek 9) 1985, Eichborn: Frankfurt am Main ⁷2001.

Luther, a.a.O.

Zu den Bantusprachen siehe:
Les langues du monde. Par un groupe de linguistes sous la direction de A. Meillet et Marcel Cohen. Nouvelle édition. Paris: CNRS 1952.

EuroComRom – Die sieben Siebe. Herausgegeben von Horst Günter Klein und Tilbert Dídac Stegmann. Vol. 1. Aachen: Shaker ³2000.

Nancy Mitford (Hg.), *Noblesse Oblige. An Enquiry into the Identifiable Characteristics of the English Aristocrat*. London: Hamilton 1954.

Bußmann, a.a.O.

Peter Mark Roget, *Roget's Thesaurus of English Words and Phrases.* Harlow: Longman 1852. *The Original Roget's International Thesaurus.* Herausgegeben von Barbara Ann Kipfer und Robert L. Chapman. New York: Harper [6]2001.

Schlesing, a.a.O.

Dornseiff, a.a.O.

Johann August Eberhard, Johann Ehrenreich Maaß und J. G. Gruber, *Versuch einer allgemeinen teutschen Synonymik in einem kritisch-philosophischen Wörterbuch der sinnverwandten Wörter der hochteutschen Mundart.* Halle: Ruffsche Verlags-Buchhandlung 1826–1830.

(Wolf) Graf und (Eva) Gräfin v. Baudissin, *Spemanns goldenes Buch der Sitte. Eine Hauskunde für Jedermann.* Berlin und Stuttgart: Spemann o.J. (ca. 1902).

Alexander Kluge, *Schlachtbeschreibung.* Anhang 2: *Sprache der höheren Führung.* Olten und Freiburg im Breisgau: Walter 1964.

Seine Kenntnisse über persische Höflichkeiten verdankt der Autor Karl Schlamminger, München.

Johann Wolfgang Goethe, *West-östlicher Divan.* In: *Sämtliche Werke nach Epochen seines Schaffens.* Band 11.1.2. München: Hanser 1998.

Hans Magnus Enzensberger, *Einführung in die Handelskorrespondenz.* In: *Die Gedichte.* Frankfurt am Main: Suhrkamp 1983.

Bei dem zitierten Computer-Handbuch von S. 53 handelt es sich um: Peter Monadjemi, Eric Tierling, *Windows 2000 Professional. Das kompakte Wissen.* München: Markt + Technik 2002.

Handwörterbuch des deutschen Aberglaubens. Herausgegeben von Hanns Bächtold-Stäubli unter Mitwirkung von Eduard Hoffmann-Krayer. Berlin: de Gruyter 1927–1942.

Luther, a.a.O.

Gespräche mit Marx und Engels. Herausgegeben von Hans Magnus Enzensberger. Mit einem Injurien- und Elogenregister. Frankfurt am Main: Insel 1973.

Johann Fischart, *Affentheurlich Naupengeheurliche Geschichtklitterung*. Mit einem Auszug aus dem *Gargantua* des Rabelais. Frankfurt am Main: Eichborn (Die Andere Bibliothek 151) 1997.

Dritte Runde

Zur Sprache Shakespeares siehe:
Frank Kermode, *Shakespeare's Language*. London: Penguin 2000.

Zum »Projekt Wortschatz« der Universität Leipzig siehe:
www.wortschatz.uni-leipzig.de

Charles K. Ogden, *Basic English and Grammatical Reform*. In: *The Basic News*. Cambridge, July 1937.

Charles K. Ogden and I. A. Richards, *The Meaning of Meaning. A Study of the Influence of Language upon Thought and of the Science of Symbolism*. London 1923. Deutsche Ausgabe: *Die Bedeutung der Bedeutung. Eine Untersuchung über den Einfluß der Sprache auf das Denken und über die Wissenschaft des Symbolismus*. Frankfurt am Main: Suhrkamp 1974.

Ludwig Wittgenstein, *Philosophische Untersuchungen*. Aus dem Nachlaß herausgegeben von Rush Rhees. Frankfurt am Main: Suhrkamp 1989.

Die elektronische Übersetzung S. 64/65 stammt aus:
William Gass, *Purely a Poet*. In: *The Nation*, 4. Januar 1996, nach *The Rainer Maria Rilke Archive*, www.geocities.com/Paris/LeftBank/4027/

Zum Verschwinden noch existierender Sprachen siehe:
Comrie und Haspelmath, a.a.O.

F. Kluge, a.a.O.

Herbert Maas, *Wörter erzählen Geschichten. Eine exemplarische Etymologie*. München: dtv 1965.

Paul, a.a.O.

Siegmund Wolf, *Jiddisches Wörterbuch*. Mannheim: Bibliographisches Institut 1962.

Andrees Handatlas. Bielefeld und Leipzig: Velhagen & Klasing 1914.

Luther, a.a.O.

Rumpelstilzchen. In: *Kinder- und Hausmärchen, gesammelt durch die Brüder Grimm.* Vollständige Ausgabe auf der Grundlage der dritten Auflage (1837). Herausgegeben von Heinz Rölleke. Frankfurt am Main: Deutscher Klassiker Verlag 1985.

Albert Heintze und Paul Cascorbi, *Die deutschen Familiennamen, geschichtlich, geographisch, sprachlich.* Halle: Buchhandlung des Waisenhauses [7]1933. Gerhard Bauer, *Deutsche Namenskunde.* Berlin: Weidner [2]1998.

Rudi Palla, *Verschwundene Arbeit. Ein Thesaurus der untergegangenen Berufe.* Frankfurt am Main: Eichborn (Die Andere Bibliothek 115) 1994.

Bertolt Brecht, *Apfelböck oder Die Lilie auf dem Felde.* In: *Gesammelte Werke.* Band 8. Frankfurt am Main: Suhrkamp 1990.

Zum Aspekt der Lage, Orientierung und Bewegung bei der Verbalisierung von Wahrnehmungen siehe:
Ray S. Jackendoff, *The Architecture of the Linguistic-Spatial Interface,* und Manfred Bierwisch, *How Much Space Gets into Language.* In: Paul Bloom et al. Eds, *Language and Space.* Cambridge, Mass.: MIT Press 1996.

Zu den Koordinaten der räumlichen Wahrnehmung siehe:
Stephen C. Lewinson, *Frames of Reference and Molyneux's Question.* In: Bloom et al., a.a.O.

Exkursionsflora von Deutschland. Gefäßpflanzen. Herausgegeben von Werner Rothmaler. Berlin: Volk und Wissen [5]1966.

Zander, *Handwörterbuch der Pflanzennamen.* Herausgegeben von Fritz Encke, Günther Buchheim und Siegmund Seybold. Stuttgart: Ulmer [15]994.

Zu Berlins und Kays Untersuchungen über die Farbwörter siehe:
George A. Miller und Philip N. Johnson-Laird, *Language and Perception.* Cambridge, Mass.: Harvard University Press 1976.

Vierte Runde

Die Informationen zur im Senegal gesprochenen Sprache Wolof verdankt der Autor Boubakar Boris Diop, Dakar.

Zur Sprache der Pirahã im Amazonasbecken siehe:
Comrie und Haspelmath, a.a.O.

David Crystal, *Die Cambridge Enzyklopädie der Sprache*. Übersetzt und bearbeitet von Stefan Röhrich, Ariane Böckler und Manfred Jansen. Frankfurt am Main und New York: Campus 1995.

Mark Twain, *The Awful German Language*. In: *A Tramp Abroad*. Hartford, Conn.: American Publishing Co. 1880. Deutsch von Gustav Adolf Himmel, revidiert von Manfred Schneider. *Gesammelte Werke in zehn Bänden*. Band 4. Herausgegeben von Norbert Kohl. Frankfurt am Main: Insel 1985.

Zur Verbreitung des Relativpronomen in den Sprachen der Welt siehe:
Comrie und Haspelmath, a.a.O.

Heinrich von Kleist, *Die Marquise von O...* In: *Sämtliche Werke*. Band 2. A.a.O.

Franz Kafka, *Beim Bau der Chinesischen Mauer*. In: *Die Erzählungen*. Frankfurt am Main: S. Fischer 1961. Dort heißt es: »Solche Maurer trieb aber natürlich, neben der Begierde, gründlichste Arbeit zu leisten, auch die Ungeduld, den Bau in seiner Vollkommenheit endlich entstehen zu sehen.«

Alfred Döblin, *Berlin Alexanderplatz*. Olten und Freiburg im Breisgau, Schweiz: Walter 1961.

Franz Kafka, *Der Hungerkünstler*. A.a.O.

Johann Peter Hebel, *Der Vater und sein Sohn*. In: *Werke*. Herausgegeben von Eberhard Meckel. Band 1. Frankfurt am Main: Insel 1982.

Judith Macheiner, a.a.O.

Rainer Maria Rilke, *Fortschritt*. In *Werke. Kommentierte Ausgabe in vier Bänden*. Band 1. Frankfurt am Main und Leipzig: Insel 1996.

Beim Werk über die KPdSU handelt es sich um:
Geschichte der Kommunistischen Partei der Sowjetunion (Bolschewiki).
Gebilligt vom ZK der KPdSU (B), 1938. Moskau 1939.

Fünfte Runde

Philosophisches Wörterbuch. Begründet von Heinrich Schmidt. Durchgesehen, ergänzt und herausgegeben von Georgi Schischkoff. Stuttgart: Kröner [22]1991.

Martin Heidegger, *Sein und Zeit.* Halle: Niemeyer 1927. Tübingen: Niemeyer [17]1993.

Arthur Schopenhauer, *Parerga und Paralipomena: Kleine philosophische Schriften.* Zweiter Band. Zürich: Haffmans 1987.

Wahrig, a.a.O.

Grimm, a.a.O.

Luther, a.a.O.

Angelus Silesius, *Cherubinischer Wandersmann.* In: *Gesammelte Werke.* München: Hanser 1952.

Sechste Runde

Twain, a.a.O.

Muthmann, a.a.O.

Bastian Sick, *Zwiebelfisch.* www.spiegel.de Siehe auch: Derselbe, *Der Dativ ist dem Genitiv sein Tod.* Köln: Kiepenheuer und Witsch 2004.

Hermann Paul, *Principien der Sprachgeschichte.* Halle: Niemeyer [2]1886.

Wolfgang Pfeifer, *Etymologisches Wörterbuch des Deutschen.* A.a.O.

Johannes Erben, *Einführung in die deutsche Wortbildungslehre.* Berlin: Erich Schmidt [4]2000. Wolfgang Fleischer und Irmhild Barz, *Wortbildung der deutschen Gegenwartssprache.* Unter Mitarbeit von Marianne Schröder. Tübingen: Niemeyer 1992.

Alfred, Lord Tennyson, *The Charge of the Light Brigade*. In: *Maud, and Other Poems*. London: Moxon 1855.

Siebente Runde

Manfred Bierwischs Aussage zu den Partikeln in der linguistischen Theorie stammt aus einer brieflichen Mitteilung.

Zum bairischen *feī* siehe:
Ludwig Merkle, a.a.O.

Beim »einschlägigen Lexikon« von S. 172 handelt es sich um:
Bußmann, a.a.O.

Hans Magnus Enzensberger, *Litanei vom Es*. In: *Zukunftsmusik*. Frankfurt am Main: Suhrkamp 1999.